AU-DELÀ DU CIEL

Une jeune Française
cinq ans chez les Khmers rouges

Laurence Picq

AU-DELÀ DU CIEL

Une jeune Française cinq ans chez les Khmers rouges

FRANCE LOISIRS
123, boulevard de Grenelle, Paris

Directrice littéraire
Betty Mialet

Edition du Club France Loisirs, Paris,
avec l'autorisation des éditions Bernard Barrault

ISBN 2-7242-2464-7
Printed in France

AVANT-PROPOS

CAMBODGE OU KAMPUCHEA. Etat de l'Asie du Sud-Est. 181 000 km^2. Env. 7 700 000 habitants en 1975 ; (on estime à 2 000 000 de personnes le nombre des victimes des massacres de 1975 à 1979). Capitale : Phnom Penh.

Ancien protectorat français (depuis 1863), le Cambodge devint indépendant en 1949 mais demeura associé à la France. Il n'obtint son indépendance politique complète qu'en 1953 (accords de Genève) et quitta l'Union française en 1955.

Le 18 mars 1970, le général Lon Nol prit le pouvoir, par un coup d'Etat, puis proclama la République kmère le 9 octobre ; mais le chef du gouvernement, Norodom Sihanouk, en exil à Pékin, y forma un autre gouvernement le G.R.U.N.K. Après cinq ans de guerre de résistance contre l'intervention américaine, l'offensive des Khmers rouges, formant un Front (le F.U.N.K.) avec Sihanouk, aboutit à la libération de Phnom Penh le 17 avril 1975. Sihanouk, revenu à Phnom Penh en septembre 1975 démissionna après la création du Kampuchéa démocratique (avr. 1976). Pol Pot prit alors la direction du gouvernement. Les Khmers rouges tentèrent d'instaurer un communisme rural, forçant les populations urbaines à l'exil, destructurant toute la vie économique, supprimant le système bancaire. Le Viêt-nam envahit le pays en janvier 1979.

D'après *Le Petit Robert*, tome II, 1982

0
100
200 KM
THAILANDE
LAOS
CAMBODGE
VIET NAM
Poipet
Sisophon
Phnom
Malay
Battambang
Pailin
Samlaut
Pursat
Tonle Sap
Kompong Chhnang
Prek Kdam
Phnom Penh
Saïgon
Mékong
Bassac
Golfe du Siam
Mer de Chine

1

Ce matin-là il faisait froid sur l'aéroport de Pékin. L'hiver venait de s'installer et les Chinois avaient revêtu leurs habits matelassés.

Nous étions le 10 octobre 1975. J'allais partir et j'avais de la peine à quitter cette ville où je vivais déjà depuis six ans, Pékin-la-douce, Pékin-la-rude avec ses hivers rigoureux, ses étés torrides, son printemps fugace et l'automne trop court.

Nous étions seuls sur la piste, soixante-dix Cambodgiens, mes filles et moi, tous vêtus du costume de coton noir du maquisard, entourés de nos amis Chinois venus saluer notre départ. Pour les « hôtes distingués » que nous étions, la Chine avait affrété un avion spécial.

— Zai Jian, au revoir !

— Merci pour votre aide chaleureuse.

— Ce n'était que notre devoir.

— Remportez toujours de plus grands succès dans l'édification du socialisme.

— Au revoir, Zai Jian !

Nous partions pour le Cambodge. Nous étions les premiers à rejoindre Phnom Penh libérée six mois plus tôt, le 17 avril, et sur les visages de mes compagnons on pouvait lire une même expression de fierté et de détermination.

Dans mon sac à dos de maquisard, qui se devait d'être léger, il y avait une moustiquaire, une petite couverture, une jupe et un chemisier de rechange, du dentifrice et du savon, un stylo, du papier, quelques photos et des aiguilles d'acupuncture. Peu auparavant, Angkar, l'Organisation, avait demandé que lui soient confiés les bijoux et valeurs diverses. J'avais donné tout ce que je possédais : une chaîne en or que ma grand-mère tenait elle-même de sa mère, des perles, un collier de quartz rose, un autre d'ambre, mon alliance, ma bague, des pendentifs. Je n'avais gardé, au risque de faire une entorse à la discipline, qu'une montre, le cadeau de mes vingt et un ans, en plus de celle que je portais à mon poignet, le dernier souvenir de mon père.

Je jetai un regard en arrière. J'entrevis Sirivouth, un cousin de mon mari, qui se tenait timidement derrière tout le monde. Je lui fis signe, il s'approcha. Je lui remis le dernier argent qui me restait.

— A bientôt, lui dis-je, nous nous retrouverons à Phnom Penh.

Cachant mal son émotion, il me dit encore son regret de n'avoir pu se joindre à nous. Secrétaire de l'ambassade, il était tenu de rester à Pékin. Il se pencha vers mes deux filles pour les embrasser. Agées de trois et quatre ans, vêtues de noir, les cheveux coupés court, portant allègrement leurs petits sacs à dos, elles avaient tout l'air de maquisardes en herbe.

— On va retrouver papa Tu viendras bientôt nous voir ? lui dirent-elles.

Comme j'avançais vers la passerelle, un interprète chinois que je connaissais bien, m'invita à m'approcher d'un officiel qui se tenait à quelques pas. C'était le chef adjoint du protocole.

— Au nom du Premier ministre Chou En-lai, je vous souhaite plein succès, me dit-il.

Surprise et émue de cette attention aussi précieuse qu'inattendue je rassemblai quelques mots pour lui répondre :

— Vous m'avez tout appris. Merci pour votre chaleureuse hospitalité. Merci. Que le bien-aimé Premier ministre chinois se rétablisse rapidement. Longue vie au président Mao. Je souhaite que vous et vos camarades remportiez des succès toujours plus grands...

Pendant tout mon discours l'officiel continua de me serrer la main, et quand j'eus terminé il s'exclama :

— Mais vous parlez très bien le chinois !

Emue, je me sentis chavirer. La décision que j'avais prise était lourde de conséquences. J'eus peur soudain des dangers qui m'attendaient. Un instant j'hésitai. Peut-être n'était-il pas trop tard pour renoncer ? J'avais réussi à me faire à Pékin une place au soleil. J'allais l'abandonner pour une expérience dure, une vie difficile au milieu de gens dont l'étroitesse d'esprit m'avait déjà fait beaucoup souffrir. Mais je me repris, je souris :

— Merci encore, dis-je. Au revoir.

Je devais rejoindre à Phnom Penh, Sikoeun, mon mari. Nous nous étions connus sept ans plus tôt, en France. Il était étudiant, j'étais institutrice. Il m'avait parlé avec enthousiasme de son pays et de son peuple. Il m'avait expliqué que des intellectuels cambodgiens très populaires avaient gagné les maquis pour y créer une nouvelle société où régnaient la justice et l'égalité. Les zones libérées s'étendaient de jour en jour, les paysans prenaient en main leur destinée et accédaient à une vie meilleure, à l'abri de toute oppression et de toute exploitation. Sikoeun aimait son pays et son peuple. Il me fit faire connaissance avec ses amis. Tous avaient confiance dans l'avenir de leur pays et s'y consacraient entièrement.

Lorsque le 18 mars 1970 un coup d'Etat déposa le prince Sihanouk, Sikoeun décida sur-le-champ de partir pour Pékin afin d'apprécier de plus près l'évolution de la situation. Il envisageait de se joindre aux maquis où s'engageait une nouvelle lutte. Le 7 juillet, je quittai moi-même la France pour le temps des vacances. J'allai rejoindre à Pékin mon mari.

Depuis ma tendre enfance la Chine m'émerveillait. J'étais attirée par ce monde fabuleux : Pékin, le Palais d'été, la Cité interdite, la Grande Muraille... Je m'enthousiasmais pour la poésie, la philosophie, la symbolique chinoises...

Ma joie n'avait pas de bornes.

Quelques jours après mon arrivée, je fus conviée à la réception de Sihanouk à son retour de Corée. Ignorant tout du protocole attaché aux dirigeants d'un Etat, et tout particulièrement à l'accueil d'un prince, j'avais, en bonne

Française, pris des libertés avec l'horaire. J'arrivai à la gare en retard, à la grande horreur de toute la communauté khmère, je restai plantée bêtement sur le quai, fascinée par le ballet des voitures officielles et les mouvements de foule. Soudain je vis surgir devant moi un homme aux sourcils épais : c'était Chou En-lai. J'étais confondue.

— Bienvenue, bienvenue ! me dit-il en français en me tendant la main.

A la fin de l'été, je renonçai à retourner en France reprendre des études et un travail qui n'avaient plus de signification pour moi et je décidai de rester auprès de mon mari, de partager ses efforts et son enthousiasme et, par la même occasion, de faire mieux connaissance avec la Chine où nous étions provisoirement contraints de séjourner.

Mon enthousiasme devait hélas peu à peu se refroidir. Ma vie dans la communauté khmère s'avéra difficile. L'exaltation du patriotisme amenait mes compagnons d'exil à m'exclure de leurs préoccupations et de leurs activités. Ce sentiment s'exaspéra quand débarqua à Pékin Ieng Sary, l'envoyé spécial du maquis. J'attendais alors mon premier enfant. Ieng Sary insista pour que je sois complètement exclue des activités de la communauté cambodgienne.

— Les affaires cambodgiennes n'intéressent que les Cambodgiens, déclara-t-il avec force.

On me considéra dès lors comme l'intruse, l'espionne, le mauvais esprit. Je tentai en vain de protester, de me défendre. J'affirmai ma bonne foi mais rien n'y fit. A la fin je laissai s'exprimer mon dépit :

— Quelle étroitesse d'esprit ! m'exclamai-je.

Ieng Sary le prit mal et m'en garda toujours une profonde rancune. Il m'interdit de renouveler mon passeport, puis il m'empêcha de déclarer la naissance de ma fille à l'état civil français.

Devant cette hostilité je me repliai sur moi-même et je vécus longtemps isolée, coupée de mon pays natal et exclue de la communauté de mon mari. Je ne restai cependant pas inactive, je me mis à étudier la langue chinoise, ce qui me permit d'établir des liens réconfortants avec les camarades qui m'entouraient.

La naissance de ma deuxième fille ne me rapprocha ni de la communauté khmère ni de mon mari. Mon existence, ma présence lui étaient un handicap vis-à-vis de ses compatriotes, et ce n'est que lorsqu'il fut admis à rejoindre les maquis que son attitude et l'attitude des Cambodgiens se transformèrent complètement à mon égard. Je manifestai ma joie d'apprendre qu'il allait rejoindre ses camarades en lutte et l'on me sut gré de ce sentiment. On loua mon courage et je me vis aussi soudainement réintégrée qu'on m'avait précédemment exclue. C'est ainsi que ma dernière année de séjour en Chine se déroula dans une ambiance plus favorable. Je fis deux longs voyages, l'un par l'Ouest jusqu'à Yenan, l'autre par le Sud jusqu'à Canton. J'en rapportai un souvenir extraordinaire. Je rencontrai partout une même ambiance détendue, une immense ardeur au travail. J'assistai à l'éveil d'un peuple de gens simples qui rayonnait d'une belle dignité. L'homme et la nature semblaient s'épouser. L'homme s'assurait la maîtrise de la nature et de sa nature. C'était l'éclosion d'un monde nouveau. J'aimais passionnément la Chine qui sortait de sa révolution culturelle avec des forces toutes neuves.

J'oubliai mes déceptions, j'envisageai l'avenir avec sérénité.

Le 17 avril 1975, la nouvelle de la libération de Phnom Penh ne suscita étrangement que peu d'enthousiasme parmi les Khmers qui se trouvaient en exil à Pékin. Certains se préparèrent cependant à retourner dans leur pays tandis que d'autres s'apprêtèrent à poursuivre leur exil sous d'autres cieux. Moi-même je fus saisie d'une hésitation. J'aurais aimé poursuivre mon séjour en Chine où j'avais encore tant à apprendre. En outre je préférais secrètement mes amitiés chinoises aux relations si souvent difficiles que j'avais entretenues avec les compatriotes de mon mari.

De fait, la communauté khmère resta de longs mois bloquée à Pékin. Angkar, l'Organisation, avait retardé tous les départs.

Je m'étais souvent interrogée sur ce que cachait cette

dénomination puissante et respectée d'Angkar. Littéralement ce terme khmer se traduit en français par *l'organisation,* mais que recouvrait-il ? Personne ne le savait vraiment. Certains disaient qu'il symbolisait le parti communiste, ou socialiste. D'autres qu'il s'agissait d'un groupe de direction collégiale. D'autres encore affirmaient qu'il manifestait le pouvoir d'une éminente personnalité.

L'été 1975 fut marqué par la visite de ma mère et le retour de mon mari. Je le revis le 15 août lors d'une réception officielle organisée à l'occasion de la visite de Khieu Samphan. Il avait beaucoup changé. L'homme un peu marqué par l'embonpoint était devenu squelettique Il ne portait plus de lunettes et cela accentuait la maigreur de son visage aux joues creusées, aux yeux profondément enfoncés dans leurs orbites. Il ressemblait à un rescapé de camp de concentration. Quelles souffrances avait-il dû endurer pendant que je menais une vie heureuse à Pékin ? Cela me faisait mal. Je me sentis coupable de ne pas l'avoir soutenu, de ne pas avoir été à ses côtés.

Quand nous nous rencontrâmes il me parla de la révolution qui était en train de s'opérer au Cambodge. Il me dépeignit la vie nouvelle. Les gens vivaient heureux du produit de leur travail. Il n'y avait plus ni exploiteurs ni exploités. L'argent avait été aboli. La criminalité avait disparu ainsi que la prostitution et tous les autres maux de la société. Il n'y avait plus ni famine, ni chômage.

En l'écoutant parler ainsi, je découvrais un homme nouveau. Il était calme, presque épanoui, si l'on oubliait sa terrible maigreur. Libéré de son anxiété, il semblait avoir accompli son « édification », selon l'expression du jargon révolutionnaire de l'époque.

— Au Cambodge nous poursuivons et nous approfondissons l'expérience chinoise, me dit-il. Nous avons besoin de toi.

On avait besoin de moi ? Je pouvais donc être utile à quelque chose ? Sikoeun venait de toucher la corde sensible. J'oubliai d'un coup le passé. Mes mauvais souvenirs s'évanouirent. L'avenir s'ouvrait radieux devant nous, comme au premier jour de notre rencontre. Nous allions pouvoir contribuer ensemble au développement de l'humanité.

Sikoeun me garantit que, si je rejoignais le Cambodge, l'Organisation veillerait à ce que mes filles et moi puissions vivre dans de bonnes conditions. Je décidai alors de partir, de le rejoindre. J'eus le sentiment d'être à l'orée d'une extraordinaire aventure, d'une prodigieuse expérience, peut-être sans précédent. J'allais non seulement participer à une révolution sociale mais encore à une tentative de transformation de l'homme.

C'est en tout cas ce que je croyais, ce matin-là, quand je pénétrai dans l'avion pour Phnom Penh.

Après quatre heures de vol, l'hôtesse de l'air nous annonça que nous survolions le Cambodge. Les passagers enthousiastes applaudirent à tout rompre. L'avion longeait le Mékong. C'était la fin de la saison des pluies et à perte de vue le paysage était noyé sous l'eau. Les passagers s'agglutinèrent aux hublots, courant tous ensemble d'un bord à l'autre de l'avion pour découvrir ici un barrage, là un réseau de digues. Le pilote amusé accompagnait leur mouvement en virant successivement sur une aile puis sur l'autre. Chacun rivalisait d'enthousiasme et manifestait son désir patriotique de participer au plus tôt qui à la construction d'une digue, qui au creusement d'un canal.

Quand nous atteignîmes Phnom Penh, l'avion fit deux fois le tour de la ville avant de se poser. J'admirai les toits dorés du Palais royal, brillant au soleil. Je fus surprise de la petite taille de la ville. Ce n'était bien sûr ni Paris, ni Pékin, mais elle brillait comme un joyau dans son écrin de verdure. J'imaginai qu'on devait y vivre heureux comme dans une grande famille.

J'oubliai d'ailleurs Pékin et Paris. Mon avenir était là sous mes yeux, à mes pieds. Je me réjouis à l'idée de retrouver mon mari. Avec nos deux petites filles, nous allions commencer une vie heureuse et pleine, utile et généreuse.

Quand l'avion s'immobilisa et que le bruit des réacteurs se tut, je fus saisie par un sentiment étrange. Je me pressai avec mes compagnons soudain silencieux vers la sortie. Sur la piste il n'y avait personne. Des yeux, je cherchai en vain mon mari. Pas âme qui vive, pas un mouvement sur l'aire de béton déserte, où gisait encore un chaos de carcasses d'avions brûlés et éventrés, derniers souvenirs de la bataille. La guerre était encore là, semblait-il, figée comme sur les dernières photos adressées par les correspondants étrangers avant la chute de la ville. Notre groupe quittant l'avion se dirigea silencieux vers l'aérogare. Le hall était vide, désert lui aussi. Nous retenions notre souffle, personne n'osait bouger. J'eus le sentiment d'avoir atterri sur une planète sans vie. J'éprouvai une angoisse et un doute. Je portai mes regards vers les membres de l'équipage chinois. Je les vis sourire, cela me rassura.

Soudain, sorti de je ne sais où, un homme s'approcha de notre groupe. Je le reconnus, c'était Sirin, un camarade de mon mari. Je lui souris, je m'avançai vers lui en lui tendant la main. Il m'ignora. Sans un mot de bienvenue, il nous donna l'ordre de monter dans un car qui nous attendait à l'extérieur. Il ajouta qu'il était interdit de parler pendant la durée du trajet. Nous avançâmes en silence dans la direction qu'il nous indiquait. Un vieux car bosselé et peinturluré, rescapé de l'ancien temps, nous attendait à l'entrée de l'aérogare.

Nous nous installâmes. Le car s'ébranla. Mes filles réclamaient leur père. Je leur dis qu'il était certainement retenu par son travail. Mais en moi-même je sentis progresser l'angoisse et la solitude. Non pas la solitude qu'on rencontre parfois entre deux mouvements de vie, mais la solitude impalpable et mouvante qui vous saisit et vous entraîne au-delà, hors du temps et de l'espace.

Que se passait-il ? Pourquoi Sirin avait-il refusé de m'adresser la parole ? Etait-ce devenu contre-révolutionnaire de souhaiter la bienvenue ? Mon angoisse se faisait à chaque instant plus présente et plus forte. Il me sembla que je quittais le monde.

De part et d'autre de la route se déroulait une double haie de carcasses de voitures abandonnées, portières ouvertes et vitres baissées. Elles avaient été laissées au hasard, le long de la chaussée, ou repoussées dans le fossé, dans l'état même où les avaient abandonnées leurs occupants pressés de fuir.

Les maisons des faubourgs étaient vides, elles aussi, portes et fenêtres ouvertes sur le noir, comme hantées. Dans les cours, comme sur les trottoirs, on apercevait un fouillis hétéroclite d'objets abandonnés, vaisselle, marmites, meubles, réchauds, réfrigérateurs, toutes sortes d'objets d'usage quotidien déversés là au hasard de la fuite et du pillage. Pas une âme, pas un chien, pas un oiseau, pas même une fleur. Ce monde apocalyptique semblait sorti tout droit d'un cauchemar, comme si la vie avait été détruite, chassée par un souffle brutal, une catastrophe surnaturelle.

Les usines elles-mêmes, les entrepôts étaient dévastés, à l'abandon.

Un cri soudain retentit dans le car. C'était China qui venait de reconnaître sa maison. Debout, elle appelait les siens, sa sœur, sa mère, ses amis... Puis elle se rassit, abasourdie. Le car continuait son chemin. J'avais eu le temps d'apercevoir une vaste demeure qui dénotait encore l'opulence de ses anciens propriétaires. Tout y était comme ailleurs à l'abandon. La façade aux trous noirs n'ouvrait plus que sur le silence. Elle semblait avoir vomi dans la cour un chaos d'objets familiers que recouvraient déjà en partie les herbes folles.

Le spectacle était terrible. Tous, dans le car, nous détournâmes les yeux pour ne plus rien voir. Il nous fallait résister aux pensées qui nous assaillaient. On nous avait appris, au cours de multiples séminaires d'éducation politique, à ne pas douter, à ne pas critiquer, à ne pas laisser notre imagination battre la campagne.

J'essayai de me convaincre que le soir même je serais loin, dans un univers paisible, joyeux et animé, entourée de mon mari et de mes filles. Je désirais oublier au plus vite ce monde hanté et apocalyptique.

Mais le car s'arrêta bientôt dans la cour d'un vaste bâtiment qui avait été le siège du Premier ministre du dernier gouvernement de Lon Nol. Tout le monde descendit en silence, le car repartit, les grilles furent fermées.

Du même ton autoritaire qu'à l'aéroport, Sirin nous enjoignit de nous installer dans les locaux situés derrière le ministère. C'étaient d'anciens bureaux. Les murs en étaient recouverts de graffiti obscènes. Des fils électriques pendaient de tous côtés. Il y avait par endroits des amoncellements de paperasse. Des lits de fer étaient empilés à l'extrémité d'une aile. Nous dûmes les transporter et les installer dans ce fatras d'ordures.

Quelqu'un demanda combien de temps nous devrions rester en un tel lieu. Il fut répondu :

— Cela dépendra de la rapidité de votre prise de conscience idéologique et politique. Un mois, deux mois, peut-être plus...

Le chef de groupe nous avertit qu'il était interdit de monter à l'étage supérieur et sur la terrasse, de longer les murs d'enceinte, de se faire entendre de l'extérieur. Nous devions rester groupés dans l'espace compris entre les deux bâtiments et nous méfier des mines et grenades piégées...

Nous nous partageâmes les locaux. Les familles s'installèrent dans les petits bureaux, les célibataires se rassemblèrent dans les grandes salles. Une fois achevés les premiers aménagements, nous nous retrouvâmes dans la petite cour. C'est alors que nous vîmes arriver trois jeunes filles vêtues de noir, des « combattantes révolutionnaires ». Tout le monde s'attroupa pour les regarder. C'était la première fois que nous rencontrions ces héroïnes dont on nous avait tant parlé et dont les chants de lutte magnifiaient le courage. Elles étaient « les messagères de la guérilla qui couraient sans peur sous un déluge de fer et de feu pour ravitailler les combattants », « les soldats à la volonté tranchante comme l'acier ». Volontaires et modestes, elles avaient rejeté le rôle de soumission que leur imposait la vieille société pour prendre les armes et accomplir des exploits retentissants.

Nous les regardions, elles étaient intimidées. Elles nous apportaient de la vaisselle et quelques légumes pour le repas du soir. Elles avaient le geste calme et pesant des paysannes. Nanties de consignes sévères, elles refusèrent de répondre à nos questions et disparurent bientôt dans ce qu'on appela par la suite la cuisine.

Dans la soirée, j'eus la visite de Sirin. Il m'aborda avec un grand sourire et j'espérai qu'il allait m'annoncer la proche arrivée de Sikoeun. Mon attente fut déçue. Il ne fit que me débiter quelques formules toutes faites, puis me vanta la supériorité de la révolution khmère sur toutes les révolutions passées, du fait notamment de l'abolition de la monnaie et de l'évacuation des villes. J'écoutai avec patience ce discours que je connaissais déjà, à quelques mots près : c'était le même que celui de Sikoeun.

A Paris, Sirin était un militant actif et généreux. Marié et père de deux garçons, il tenait sa maison ouverte et accueillante. Sa femme, Vipha, jouissait d'une considération unanime. Quoique appartenant à l'une des familles les plus riches de la province de Battambang, elle avait rejoint par patriotisme les rangs de la révolution. Intelligente et sensible, elle était devenue une militante active et efficace. Sa mère, qui était venue la voir à Paris juste avant les événements de 1970, l'avait suivie à Pékin. Petite et corpulente, sans être grosse, les cheveux coupés très court, elle était l'image même de la vieille dame khmère. A Pékin, elle avait assisté à tous les exposés de Ieng Sary, buvant ses paroles avec dévotion. A soixante-dix ans passés, elle avait ainsi découvert les richesses cachées de son pays et de son peuple. Elle avait appris, par exemple, que le mont Aural mesure mille huit cent treize mètres et s'en était vivement extasiée.

Elle était bouddhiste, ce que tout le monde respectait chez elle. Les derniers temps, sa santé avait sérieusement décliné et chacun s'était inquiété de la voir languir, mais, à la nouvelle de la victoire, la vieille dame avait repris le dessus et c'est avec la force d'un second souffle de vie qu'elle venait d'arriver à Phnom Penh.

Elle était fière de son gendre et de sa fille. Elle était fière d'Angkar qui avait su libérer son pays de la domination étrangère, même si cela lui coûtait tous les biens accumulés par sa famille depuis des générations. L'important, c'était l'avenir qui appartenait maintenant à ses enfants et à ses petits-enfants.

Au cours du repas du soir, Sirin prit solennellement la parole :

— L'Organisation a tenu à vous offrir un banquet digne de hauts cadres, préparé avec abnégation par les combattantes héroïques du Kampuchéa. En attendant d'aller rejoindre le peuple pour partager ses joies et ses souffrances, vous êtes nos hôtes. Je souhaite que vous mesuriez l'honneur que vous fait Angkar.

Dans ce ton solennel et enflé, on ne reconnaissait pas le Sirin d'autrefois. On aurait dit qu'il célébrait la messe. Il poursuivit :

— Actuellement, il n'y a plus de riz. Tout a été envoyé dans les coopératives pour soutenir l'effort gigantesque de reconstruction et pour l'accueil des citadins. Mais pour vous, l'Organisation a trouvé du riz... Les combattants et les combattantes se sont privés pour vous offrir ce repas. Ils ne mangent plus depuis longtemps que du pain pétri avec de la farine américaine rance... Bientôt, il vous faudra manger comme tout le monde. Dès demain, vous ne prendrez plus que deux repas, sauf les enfants qui auront droit à un petit déjeuner.

Nous avalâmes notre dernier banquet qui était composé d'une soupe aux choux, d'un sauté de choux, de riz et de pain. Puis quelqu'un posa le problème des jeunes enfants qui avaient besoin de légumes frais, de fruits, de lait, de sucre... Plus aigu encore était le problème des bébés que les mères ne pouvaient nourrir. Elles avaient quelques provisions mais comment faire lorsque celles-ci seraient épuisées ?

— Comment faire ? reprit Sirin. Eh bien, vous ferez comme le peuple ! Les enfants et les bébés du peuple vivent bien, eux ! Et leur niveau de conscience révolutionnaire est bien meilleur que le vôtre. Votre réflexion montre qu'Angkar est sage de vous maintenir ici. Si le peuple vous entendait parler ainsi, il vous rejetterait.

Le lendemain matin je me réveillai tôt. Le ciel était lumineux. Je bondis de joie. J'en oubliai mes soucis de la veille. Il doit faire bon vivre ici, me dis-je. Aujourd'hui sera un beau jour, Sikoeun va venir nous chercher.

Et la journée passa sans autre nouvelle.

Notre situation d'hôtes marquait bien la réserve dans laquelle voulait nous maintenir Angkar et la distance qu'elle entendait créer entre les Anciens et les Nouveaux. Les Anciens étaient ceux qui avaient fait la guerre. Nous arrivions après le combat, et, quel que soit notre mérite, nous n'arriverions jamais à leur cheville.

Nous avions cependant, à ce qu'on nous dit, un avantage immense sur ceux qui étaient restés en France. Nous valions mieux qu'eux parce que nous avions été formés lors de multiples séminaires.

C'est ainsi que l'Organisation nous attribua nos places et nous mit en lice pour la course au pouvoir. En attendant le jour heureux où nous pourrions rejoindre le peuple, nous étions en observation. A chacun de montrer ses talents !

De fait, chacun se mit à l'ouvrage. Certains entreprirent de remettre l'électricité en état, d'autres de laver les vitres et les carrelages, d'autres encore de désherber les allées et de retourner la pelouse.

Nous fûmes également incités à refaire nos bagages et à nous débarrasser de tous les objets inutiles. Beaucoup en effet avaient conservé des effets personnels, des souvenirs, des postes de radio, des magnétophones.

— Aussi longtemps que vous posséderez de la technologie étrangère, Angkar renoncera à vous envoyer vers le peuple. Le peuple vit sans ces appareils. Il vit sans rien. Il vous faut vivre comme lui. Le peuple est bon, nous dit-on encore. Il a tout donné à Angkar, même ses enfants qui sont sa propre chair. Il vous faut l'imiter.

Pour entrer dans la nouvelle société, il nous fallait réduire notre bagage à un petit ballot. Le tri fut radical. Peu de chose dans le fond était indispensable. Tout le reste fut rassemblé dans une pièce à l'attention de l'Organisation.

Cette exigence, qui avant le départ avait été mal acceptée par beaucoup, était soudain devenue facile à satisfaire, et personne ne s'en plaignit.

Au soir du troisième jour, nous eûmes la visite d'un haut dignitaire de la révolution : Khieu Samphan. Il ne fit que passer, entouré de deux gardes du corps le fusil en bandoulière. Mais sa visite marquait l'intérêt que l'on nous portait C'est alors que le chef de groupe, le *responsable de vie* comme nous l'appelions respectueusement, nous annonça qu'Angkar allait organiser un séminaire consacré à notre formation politique. Ce séminaire aurait lieu à une date encore tenue secrète dans la salle de conférences de l'ancien ministère. Tous les participants dormiraient sur place, dans les bureaux, afin que les esprits soient mieux concentrés. Les enfants seraient confiés à des combattantes dévouées qui s'en occuperaient avec une haute conscience révolutionnaire.

Il nous restait donc à aménager les locaux, ce à quoi nous nous employâmes sans tarder.

La tâche la plus recherchée fut étrangement le nettoyage des toilettes. Les Khmers ont horreur de la matière fécale et détournent leurs yeux et leurs pas dès qu'ils en aperçoivent, mais par les temps révolutionnaires qui couraient, surmonter sa répugnance était une preuve de transformation idéologique.

Les W.-C. regorgeaient de merde, les murs en étaient couverts. C'était une belle occasion de faire preuve de civisme. Certains récupérèrent des jets d'eau, d'autres des chiffons, les plus audacieux allèrent jusqu'à nettoyer avec leurs mains et gratter avec leurs ongles.

A l'étage, les bureaux de l'aile gauche furent attribués aux hommes, ceux de l'aile droite aux mères qui avaient la charge d'un nourrisson, et le bureau central de l'ancien Premier ministre Long Boret fut transformé en dortoir pour les autres femmes.

La pièce était vaste et luxueuse et je me surpris à entrer sur la pointe des pieds. Devant un large bureau de style gisaient des chaises renversées. Il y avait un portrait photographique de Lon Nol, dont le verre avait été brisé par l'impact d'une balle. Toutes sortes de documents jonchaient le sol. La salle était telle qu'au soir de la prise de Phnom Penh. On racontait que Long Boret avait attendu l'armée de libération assis derrière son bureau et qu'à l'arrivée des premiers combattants il s'était levé en tendant la main. Mais une bagarre s'était ensuivie, le ministre avait tenté de fuir par la porte de derrière…

J'avançai vers la petite porte. Je l'ouvris avec un peu d'appréhension. Le passé proche était encore si vivant. Je découvris un étroit escalier en colimaçon sur lequel je m'engageai, le cœur un peu anxieux de découvrir peut-être la suite de la scène…

Une fois l'installation terminée, nous fûmes rejoints dans nos nouveaux locaux par un groupe de femmes qui appartenaient à l'ancien entourage du prince Sihanouk et qui étaient arrivées depuis plus d'un mois à Phnom Penh. Les plus âgées s'étaient, suivant la tradition, rasé le crâne. Nous échangeâmes nos expériences.

Notre dortoir rassembla ainsi cinquante lits dont l'agencement serré me rappela désagréablement mes souvenirs de pension.

En m'endormant, ce soir-là, j'eus pourtant la certitude que le temps arriverait bientôt, après le séminaire, où je retrouverais Sikoeun et où nous partirions pour de bon.

Le lendemain matin tout le monde s'installa religieusement dans la salle de conférence et quand Khieu Samphan y pénétra, nous l'applaudîmes longuement et bruyamment. Pour l'occasion nous étions vêtus d'habits neufs de coton noir. Cela ajouté à l'ambiance de respect quasi religieux qui régnait me donna la sensation de participer à quelque cérémonie secrète.

Quand il fut installé à la tribune, Khieu Samphan jeta un regard sur l'assemblée, puis il se pencha vers son voisin, Sirin, et après lui avoir glissé quelques mots à l'oreille, il se leva et sortit. Sirin prit alors la parole et nous demanda de quitter également la salle. Tout le monde s'exécuta.

Quand je franchis la porte, Sirin m'aborda et m'entraîna à l'écart. Un peu inquiète, redoutant quelque chose de grave concernant Sikoeun, j'écoutai attentivement ce qu'il avait à me dire. Il tourna longtemps autour du pot.

— La situation dans notre pays depuis la victoire du 17 avril est complexe. Jamais les impérialistes américains n'avaient été battus de façon aussi radicale. La Chine elle-même n'a jamais réussi à libérer Taiwan. La Corée est toujours divisée. Quant au Viêt-nam, il doit sa victoire en grande partie à la lutte héroïque de notre peuple. Sans nous il serait toujours en train de se battre.

La victoire du 17 avril, c'est donc la victoire d'un peuple héroïque, aux mains nues, sur une grande puissance économique, politique et militaire. Cette victoire, elle appartient au peuple khmer et à lui seul...

— Oui, oui, approuvai-je calmement, alors que je bouillais intérieurement d'impatience. Je voyais que tout le monde rentrait dans la salle et j'avais peur d'être en retard. Il poursuivit :

— Le Kampuchéa, le peuple du Kampuchéa (on ne disait plus Cambodge et peuple cambodgien car ces termes passaient pour un héritage du colonialisme) sont véritablement héroïques. Tu sais que le peuple a beaucoup souffert du colonialisme et des colonialistes français ? La victoire du 17 avril, il l'a remportée seul, tu comprends ?

Cette façon bien cambodgienne (khmère rouge en tout cas) de ne pas dire les choses telles qu'elles sont me désemparait

— Qu'est-ce que je dois comprendre ?

— Pendant ces quelques jours, tu vas t'occuper de tes enfants. Si tu le veux bien, tu t'occuperas aussi des autres enfants, et plus tard, l'Organisation s'occupera de toi.

Frappée d'exclusion par cet ukase injuste, impuissante et incapable de contrôler mes sentiments, je tournai la tête et m'en allai. Je récupérai mes affaires et me rendis dans le dortoir des enfants. Ils étaient tous en train de pleurer. Une forte odeur de pipi me saisit à la gorge. Plusieurs réclamaient à manger, certains avaient de la fièvre. Leurs petits corps étaient couverts de piqûres de moustique purulentes. Quant aux héroïques combattantes de l'Organisation, elles dormaient à poings fermés. Je changeai les enfants mouillés, lavai le sol et le linge. Les gosses continuaient de pleurer. De mauvais pressentiments m'assaillirent. Et si j'étais tombée dans un piège, si tout ce qu'on m'avait raconté n'était que mensonges ? Je résistai à cette pensée mais une voix en moi insistait : « Tu es prisonnière, prisonnière. Ils veulent se venger. Ils veulent te faire payer. » Je sentis ma résistance s'ébranler. J'avais connu des moments de solitude et de doute, j'avais toujours tenu bon, mais cette fois-là, je craquai.

Je me mis à pleurer à grands traits, comme quand on s'est retenu trop longtemps. Tout en lavant le linge, je pleurai toutes les larmes de mon corps, incapable de m'arrêter.

Les deux combattantes révolutionnaires, qui s'étaient

réveillées entre-temps, me regardaient surprises et peinées, prêtes à reconnaître leur faute. J'étais horriblement gênée mais je ne pouvais me retenir. Mes larmes continuaient de couler à flots.

La lessive finie, j'étendis le linge. Il faisait beau, le ciel était bleu. Le soleil brillait. Cela me réconforta un peu.

Les jours qui suivirent, je m'occupai des enfants. Je les fis promener de long en large dans l'espace qui nous était imparti. Je les fis chanter, je leur racontai des histoires que j'improvisais, je leur donnai à manger l'éternelle soupe aux choux.

Quand leurs parents sortaient entre deux séances, ils feignaient de m'ignorer.

Ces séances d'éducation politique où chacun était amené à raconter de façon détaillée sa vie, ses actions, ses erreurs, avec force critiques et autocritiques avaient un effet puissant sur les esprits. Elles les façonnaient avec force selon un schéma de pensée préétabli.

J'étais de nouveau présentée comme l'intruse, l'ennemie. Je me retrouvai dans la situation qui avait été la mienne quelques années plus tôt, après l'arrivée de Ieng Sary à Pékin. J'étais Sisyphe au bas de la montagne mais je n'avais plus, comme autrefois, le désir ni la force nécessaires à une nouvelle ascension. La tâche dépassait mes forces et ne correspondait surtout pas à l'idée que je m'étais faite du rôle que je pensais pouvoir jouer au Cambodge.

La session terminée, nous rejoignîmes nos anciens locaux dans l'attente d'une décision de l'Organisation. Chacun reprit ses occupations, gardant pour soi ses réflexions. Moi-même, consciente de mon exclusion, je gardai une bonne distance vis-à-vis de mes compagnons. J'attendais la venue de Sikoeun.

Un soir, après dîner, alors que, dans ce qui était devenu ma chambre, j'étais en train de faire dessiner mes filles, un bruit de pas, dans l'escalier, fit bondir mon cœur. Je me sentis rougir. Ce bruit de pas, j'avais appris à le reconnaître entre mille lorsque, jeune mariée, je vivais à la cité universitaire : Sikoeun ! Dans ma joie je me jetai à son cou. Il embrassa les enfants, nous étions tous si heureux !

Je l'interrogeai : où travaillait-il ? que faisait-il ? Il ne répondit pas, fidèle en cela à la politique du secret qui avait été, me rappela-t-il, un facteur décisif de la victoire du 17 avril. Je renonçai à ma curiosité. Je lui avouai néanmoins mes déceptions.

— Aie confiance en Angkar, me dit-il. Elle sait mieux que toi ce que tu mérites. Elle te réserve un meilleur sort.

— Lequel ?

Il ne répondit pas, il n'en savait rien, mais il répondait comme on lui avait appris à répondre. Je m'accrochai quand même à l'idée que l'Organisation allait bientôt me sortir de là et utiliser mes services.

De fait, peu de temps après, l'Organisation, satisfaite du déroulement du séminaire, nous informa que tout le monde partirait bientôt rejoindre la « base », c'est-à-dire le peuple paysan.

Le soir même, une jeep entra dans la cour. Sikoeun en descendit.

— Angkar m'envoie te chercher. Prépare vite tes affaires. Il ne faut rien dire à personne.

Trois minutes plus tard, avec enfants et bagages, je quittai les lieux sans avoir pu dire au revoir à aucun de mes compagnons.

2

La jeep franchit la grille, déboucha sur ce qui avait été un boulevard, parcourut à peine plus de cinq cents mètres et pénétra de nouveau dans une cour où elle s'arrêta. Il faisait nuit noire. Nous descendîmes de voiture et je suivis Sikoeun qui avançait sans difficulté dans l'obscurité. Nous traversâmes un hall, débouchâmes sur une cour intérieure, nous longeâmes un mur et j'aperçus enfin une petite pièce éclairée. Un homme vint à notre rencontre, c'était Krean Lean.

— Nous venons d'apprendre ton arrivée, dit-il. Les combattantes sont en train de préparer un banquet pour toi. Le temps de déposer tes affaires, tout sera prêt.

Cet accueil sympathique me mit du baume au cœur. J'oubliai les trois semaines pénibles que je venais de vivre à attendre que mon sort soit fixé.

Ancien étudiant à Moscou, Krean Lean avait rallié Sihanouk à Pékin à la suite du coup d'Etat. Il avait été nommé chef de cabinet de Penn Nouth, puis, comme il manifestait le désir de rejoindre les maquis, il avait été soumis à une période de formation et, en janvier 1973, à l'époque où les Américains bombardaient massivement le pays, il avait été envoyé avec un groupe d'une quinzaine d'intellectuels vers les zones libérées. Le maquis en avait fait un homme de pouvoir.

Pour rejoindre les locaux d'habitation, il nous fallut franchir, toujours sans lumière, un passage étroit encombré de camions abandonnés. Nous avancions à tâtons pour éviter de nous blesser.

L'appartement était situé au premier étage. Sikoeun y avait déjà installé son lit dans ce qui avait été une cuisine. Les filles et moi disposions d'une chambre. Il en restait une autre, inoccupée. Au fond du couloir se trouvaient les toilettes.

Il y avait dans notre chambre un lit de fer pour trois et une commode. Derrière la porte était accroché un calendrier américain ouvert à la page du mois d'avril, dernier souvenir du précédent occupant des lieux. Chaque jour y était soigneusement barré. A la date du 10 il était écrit *rains,* il pleut. Ce devait être la première pluie de mousson, précoce. Le 11 il était écrit *nothing,* rien. Le 12 était également barré, puis plus rien. Ainsi un Américain avait-il vécu dans cette chambre les derniers jours avant de quitter précipitamment Phnom Penh. J'essayai de l'imaginer. Etait-il grand, blond ? Avait-il eu peur ?

J'éprouvai une fois de plus la sensation d'être projetée dans le passé proche. La guerre était encore présente. Je sentais vibrer l'histoire.

— Angkar te fait un grand honneur en te permettant de t'installer ici, me dit alors Sikoeun.

Sur la table du banquet étaient disposés une marmite de soupe, un plat de friture, du riz, du pain, du sucre et des beignets de banane. Tout cela manifestait une chaude générosité.

Pendant le repas, Krean Lean parla de choses diverses, mais j'éprouvai à l'écouter le même sentiment d'étrangeté que lorsque j'avais retrouvé Sirin. Son comportement était étudié, ses expressions stéréotypées, directement empruntées aux propos officiels de Ieng Sary ou des autres dirigeants. Il évoqua ainsi avec une exaltation pompeuse les sacrifices et l'héroïsme des combattants du peuple. Il manifesta son attachement et son dévouement envers Angkar qui avait été pour lui son vrai père et sa vraie mère, et envers le peuple qu'il s'engageait à servir de tout son cœur et de toutes ses forces.

Il nous raconta qu'étant tombé gravement malade il avait reçu d'un paysan pauvre un poulet qui représentait sa seule richesse. Le sacrifice avait hâté sa guérison.

Me conformant aux consignes de secret, je me gardai bien

de l'interroger sur nos amis communs. Pourtant j'aurais bien aimé savoir ce qu'étaient devenues Kamanh, Varith, Padet qui avaient toutes rejoint les maquis et que j'espérais retrouver à Phnom Penh.

A la fin du repas, Krean Lean me demanda :

— Comment vas-tu t'appeler maintenant ?

Dans les rangs des combattants chacun était appelé à changer son nom. Mais je ne pensais pas être concernée. J'étais prise au dépourvu.

— Tu pourrais t'appeler Phâl, proposa Sikoeun.

Phâl signifie le fruit, la récolte. Ce terme me convenait. « Puisse mon travail être couronné de succès », pensai-je alors.

Sachant combien les Cambodgiens excellent dans l'art de fabriquer les prénoms, je fus convaincue que ce n'était pas par hasard que le nom choisi réunissait mes initiales.

— C'est très bien, dis-je.

Nous nous levâmes de table. Mon baptême khmer venait de s'achever.

En rentrant dans ce qui était mon « lieu de repos », j'y trouvai plusieurs jeunes combattantes occupées à installer une natte et des oreillers ainsi que les supports de la moustiquaire.

— Bonjour, dis-je.

Elles levèrent la tête mais ne répondirent pas, poursuivant consciencieusement leur travail. J'étais décidément bien maladroite ! De même que chacun avait perdu l'habitude de serrer la main ou de poser des questions, il n'était plus de bon ton de dire bonjour. Il fallait que je m'y fasse.

Quand mes filles vinrent me rejoindre, les combattantes se mirent à jouer avec elles, les embrassant, les taquinant et leur portant de grosses claques creuses sur les fesses qu'elles avaient bien rondes. Les marques d'affection khmères sont bien différentes des manières chinoises. Les gamines furent surprises de tels épanchements, mais elles ne dirent rien. J'essayai à nouveau d'entrer en contact avec les combattantes. Je leur demandai leur nom. Elles me répondirent avec timidité, mais peu à peu leurs langues se délièrent. Elles s'extasiaient devant mes filles qui leur rappelaient leurs petites sœurs qu'elles avaient quittées lorsqu'elles avaient rejoint Angkar.

Restée seule, je rangeai mes effets et je m'interrogeai sur mon nouveau domicile. Les supports de la moustiquaire ressemblaient étrangement à des antennes. Peut-être étions-nous dans les locaux d'une station de radio ?

Tard dans la nuit. Sikoeun me réveilla.

— Viens vite, me dit-il, un travail urgent.

En quelques mots il m'expliqua que Ieng Sary partait le lendemain pour Bangkok et qu'il fallait traduire un communiqué de presse qu'il devait emporter. Il ajouta que ce travail était une marque de confiance d'Angkar. J'exécutai la traduction rapidement, disséquant chaque expression, soupesant chaque mot, comme il est de rigueur en politique et comme j'avais appris à le faire en Chine.

Sikoeun qui s'était assis près de moi pour m'« assister » s'exclama :

— Tu en as fait des progrès !

— J'ai encore beaucoup d'insuffisances, lui répliquai-je. Mais au fond de moi j'étais très contente.

Pourtant le lendemain matin, quand je conduisis mes filles prendre leur petit déjeuner, Krean Lean m'annonça que j'avais été désignée pour travailler à la cuisine. Je fus déçue. J'avais rêvé d'un travail au grand air et je me retrouvai confinée dans un réduit obscur, un ancien atelier de réparation automobile construit de planches noirâtres sur un sol de terre battue. Un foyer y avait été aménagé avec trois briques. Ce n'était pas un lieu pour surveiller des enfants. En outre je ne connaissais rien à la cuisine, même si, compte tenu des difficultés d'approvisionnement, le repas se composait invariablement d'une soupe et d'un morceau de pain. Le pain était fabriqué en ville ; malgré sa couleur grisâtre il était assez bon. Une camionnette venait le livrer tous les deux jours. La ration quotidienne était de quatre cent cinquante grammes par personne.

A huit heures du matin, les deux combattantes de la cuisine préparaient déjà vivement le déjeuner. Elles débitaient et jetaient dans une marmite d'eau bouillante une courge et un morceau de poisson. A huit heures trente, tout était cuit.

Elles dressèrent alors vivement la table, puis recouvrirent vaisselle et nourriture d'un morceau de tulle, avant de faire bouillir de l'eau pour boire.

— Pourquoi une telle hâte ? leur demandai-je.

— Nous avons peur d'être en retard.

Celle qui me répondit n'avait que quinze ou seize ans. Elle avait une très belle montre mais ne savait pas s'en servir.

— Tout le monde en a, me précisa-t-elle. C'est Angkar qui nous les a distribuées. A Phnom Penh ça ne manque pas.

J'entrepris de leur apprendre à lire l'heure et à compter le temps. Mais cela impliquait de savoir faire des additions et des soustractions, ce dont elles n'avaient que peu de notions. J'eus mauvaise conscience de les initier à l'infernale mécanique du temps qui passe.

A onze heures, tout le monde se rassembla autour des trois tables, une pour les garçons, une pour les filles, une pour mes filles et moi. Les combattants et combattantes employés au service de ce que j'appris plus tard être le ministère des Affaires étrangères étaient très jeunes. Ils avaient de dix-sept à vingt ans. Les filles venaient de la province septentrionale de Preah Vihear. Elles ne mesuraient pas plus d'un mètre cinquante-cinq mais leur charpente était forte. Très différentes des Phnompenhoises menues et fragiles, elles avaient le visage carré, charnu, le nez écrasé, de grands yeux en amande bordés de noir, la taille très fine, la poitrine haute, les bras solides. Tout rappelait en elles les Apsaras, danseuses célestes sculptées sur les bas-reliefs des temples d'Angkor. Elles en avaient le sourire simple et majestueux, rayonnant de force, de modestie et de sagesse.

Dans la cantine, tous discutaient calmement et, une fois le repas terminé, chacun prenait son assiette et sa cuillère et allait les laver dans les cuvettes prévues à cet effet, puis les déposait sur l'égouttoir et s'en allait après avoir bu une grande tasse d'eau bouillie.

La communauté dans laquelle je venais d'être accueillie reflétait, me dit-on, la nouvelle société. On y prêchait la pauvreté, le renoncement aux biens personnels, l'usage d'un seul vêtement, une alimentation sobre, une vie commune et fraternelle. Je fus séduite par cet idéal de vie et les espoirs qu'il me semblait porter. Je souhaitais un monde où les relations sociales excluraient la compétition, la jalousie, l'avidité, où la simplicité et le dénuement mettraient fin à l'agressivité et à la tension créées par le désir de posséder. Je rêvais d'une société où l'honorabilité cesserait d'être accordée au plus rapace pour distinguer au contraire le plus dévoué et le plus désintéressé. J'aspirais à une vérité sans conflit qu'aucune religion ni aucun système de pensée n'avaient jusque-là accordée à l'homme.

J'entrepris bientôt d'explorer les lieux dans lesquels je venais d'emménager. L'immeuble où nous habitions comptait trois étages. Il était tout entier recouvert d'un immense grillage qui l'enserrait comme une volière. Cette protection avait été conçue par les anciens occupants américains qui désiraient se protéger des jets de grenade. Parmi la multitude d'objets qui jonchait le sol aux abords du bâtiment, on distinguait un grand nombre d'instruments de musique. Au milieu des détritus divers, sacs de sable, bouteilles vides, rouleaux de fil de fer barbelé, trônait même, incongru, un piano.

Nous étions en effet installés dans les locaux de l'Académie royale des beaux-arts, ce qui confirmait l'inscription que l'on pouvait encore lire sur un camion poussiéreux et couvert d'aiguilles de pin, abandonné dans la cour.

De part et d'autre de l'immeuble se dressaient deux bâtiments bas qui rassemblaient d'un côté une salle de rythmique, de l'autre deux salles des fêtes. Au-delà s'étendait un vaste champ de manioc en friche bordé de luxueuses résidences privées. Enfin, du côté du boulevard se dressait le bâtiment que j'avais traversé en arrivant. C'était un grand édifice arrondi doté de larges baies vitrées. Au-dessus de l'entrée principale on pouvait lire l'inscription : « Présidence du Conseil ». La façade intérieure avait été déchirée par l'explosion d'une bombe et exhibait, à travers de vastes trous béants, des morceaux de poutrelles tordues.

Ce qui avait été un jardin d'agrément servait maintenant de dépotoir. Il y gisait pêle-mêle, parmi le fin gravier rouge, un lave-linge, une machine à coudre, une vieille motocyclette des cuisinières, des étagères et des armoires. Une mare d'eau croupissante s'était formée dans un cratère de bombe. Elle empestait tant que même les canards refusaient de s'en approcher. Près de l'entrée, on avait découvert récemment les cadavres de deux soldats.

Le centre de la cour était occupé par un terrain de basket-ball. Au fond se trouvait l'atelier de réparation transformé en cuisine. Plus loin s'étendait un terrain en friche qui donnait sur l'habituel paysage apocalyptique d'immeubles dévastés aux antennes de télévision tordues. La ville était plongée dans un silence étrange, angoissant, tendu et vibrant qui, pour moi, évoquait irrésistiblement l'image de Guernica : douleur, détresse, souffrances et gémissements. Il me semblait entendre encore des appels angoissés.

Au rez-de-chaussée de la Présidence du Conseil, je découvris une petite pièce remplie d'objets précieux — statuettes finement sculptées, plats en argent, verres de cristal, services de porcelaine et baguettes en ivoire — qui avaient été récupérés dans les bureaux par les combattants et entreposés là en attendant un meilleur usage. Mes filles furent éblouies par les trésors de cette nouvelle caverne d'Ali Baba et, dès le lendemain, elles s'y installèrent pour entreprendre une somptueuse dînette. Je les surpris en pleine activité. Narén, l'aînée, tirait à grand-peine un seau à glace en cristal qu'elle avait rempli de terre, et sa petite sœur Sokha faisait des pâtés avec des tasses à moka et de beaux verres à liqueur finement ciselés.

Je me retins à peine d'éclater de rire. Si leur père les voyait ! Il voulait en faire de vraies révolutionnaires mais elles semblaient plus attirées par la vie de princesse !

Les premiers jours se passèrent dans l'attente. La cuisine m'occupait fort peu. Depuis la traduction de l'autre nuit, on ne m'avait pas sollicitée. Le jeûne du matin me laissait la tête vide et les jambes vacillantes jusqu'au déjeuner.

Un matin que je me reposais, assise sous un arbre, Sikoeun vint se planter devant moi. Il semblait mécontent.

— Alors que, dans tout le pays, le peuple travaille avec ardeur, toi, tu restes là à ne rien faire.

Furieuse de son attitude, je lui répondis :

— J'attends qu'on me donne du travail.

— Tu pourrais balayer le terrain de basket-ball, me dit-il.

Pour balayer ce grand terrain entouré de cyprès, il n'y avait qu'un balai déplumé. Je demandai à Sikoeun un ustensile plus efficace. Il s'emporta :

— Crois-tu que le peuple possède des balais ? Il n'a que ses mains pour travailler. C'est avec leurs mains nues que nos combattants ont abattu la plus grande puissance impérialiste du monde...

Ainsi nos relations prirent-elles à nouveau un chemin difficile. Notre union à peine recollée se fendait de nouveau. Sikoeun m'épiait, me critiquait et me jugeait. J'eus le sentiment qu'il était rongé par la peur.

A la mi-novembre je fus rejointe par Ri, mon ancienne voisine de l'hôtel de l'Amitié, à Pékin. Ri avait été logée avec l'entourage du prince Sihanouk dont Angkar avait organisé le départ vers différentes parties du pays. Au moment où elle s'apprêtait à monter dans le camion qui devait l'emmener avec ses enfants, on lui avait appris qu'elle devait rester à Phnom Penh. Elle avait ainsi vu avec angoisse ses enfants s'éloigner d'elle vers une destination qui lui était inconnue.

Ri était une femme du monde. Elle avait fait partie des dix femmes les plus élégantes de Phnom Penh, mais c'est sans amertume, avec noblesse et simplicité, qu'elle acceptait maintenant de vivre comme tout un chacun en costume noir, sans fard ni crème, et de manger à la table commune des soupes qu'elle n'aurait sûrement pas données à son chien autrefois.

Nos sorts étaient liés. Tenues de rester à Phnom Penh dans les locaux du ministère des Affaires étrangères, nous n'étions chargées d'aucun travail véritable. Il nous apparut simplement qu'on nous tenait éloignées de tout contact avec le peuple, ce que nous jugions injuste. Mais à nos plaintes il était répondu qu' « Angkar savait juger les gens à leur juste valeur » et que « l'Organisation avait pour nous des projets dont nous serions informées en temps utile ».

Ri occupa la chambre située en face de la mienne et, fidèle a ses goûts, elle habilla les murs nus de quelques décorations.

— Cela ne peut déranger personne, me dit-elle. Je suis chez moi.

C'était préjuger faussement de l'attention que nous portait Angkar. Le lendemain on nous demanda de déménager. Il nous fallut transporter les lits, les commodes et les bagages à l'étage supérieur. Deux jours plus tard, on nous demanda de réintégrer nos anciennes chambres, ce que nous fîmes patiemment, puis il nous fallut changer d'aile et enfin revenir de nouveau au point de départ...

Les bras coupés, Ri renonça à ses décorations murales et nous ne fûmes plus dérangées.

Malgré ces brimades nous ne renonçâmes pas à payer de nos personnes pour mettre un peu d'ordre dans les locaux. Nous entreprîmes de ranger les médicaments accumulés en vrac dans divers endroits. Il y avait notamment toutes sortes d'antibiotiques de provenances diverses. Les fortifiants en revanche avaient disparu. Leur goût sucré et acidulé avait été apprécié par les combattants pénétrant dans Phnom Penh.

Après le rangement des médicaments nous engageâmes quelques opérations de nettoyage de l'environnement. Nous nous mîmes à démolir les abris édifiés çà et là, à enlever les clôtures de barbelés et à démanteler les murs de sacs de sable. Nous nous amusions de nos audaces et nous découvrions plus solides que nous aurions pu l'imaginer.

Je retrouvai également à Phnom Penh une autre connaissance, Seila, que j'avais connu à Pékin où il avait servi d'interprète à Khieu Samphan, lors de sa visite du mois d'août. Seila avait été un brillant intellectuel, la preuve vivante que la révolution khmère n'était pas qu'une insurrection de paysans.

Tous les jours, à quatre heures de l'après-midi, Seila venait arroser les légumes qu'il faisait pousser dans quelques billons de terre aménagés tout en haut du jardin d'agrément. Il glissait rapidement sous sa palanche, puisant de l'eau dans un marigot pour aller la déverser sur ses navets. Il ne lui fallait pas moins de quinze voyages pour mener à bien sa tâche quotidienne.

Un jour qu'en compagnie d'un camarade il chargeait de la terre du champ de manioc pour aménager de nouveaux billons, il nous confia :

— Il nous faudrait une vingtaine de billons. Le mois venteux est arrivé. Il n'y a pas de temps à perdre.

— Nous allons vous aider, lui répondis-je trop heureuse de pouvoir enfin me consacrer au travail de la terre dont j'avais tant rêvé.

Nous dénichâmes quelques récipients et une bêche américaine, puis nous nous mîmes à l'œuvre. Nous venions à peine de commencer que Sikoeun apparut. Sur un ton faussement détaché, il demanda :

— Il n'y a plus rien à faire à la cuisine ?

Mon sang ne fit qu'un tour. Je lui répliquai durement :

— Qu'est-ce qu'il y a ? Qu'est-ce que tu veux ? Parle franchement pour une fois.

En désignant du geste l'ancien jardin d'agrément que nous étions en train de transformer en potager, il dit alors :

— Ce jardin, c'est le jardin des gens des bureaux. C'est à eux de faire le travail.

— Et alors ? Le temps presse. Comment pourrons-nous subvenir à nos besoins si nous ne plantons pas de légumes ?

L'argument était irréfutable. Sikoeun avoua alors ses véritables craintes :

— On pourrait vous voir de la route. Il y a des Chinois qui passent quelquefois... et puis Angkar entre et sort !

Refusant l'affrontement, nous nous engageâmes à nous montrer discrètes et poursuivîmes notre travail. Nous réussîmes bientôt à améliorer la productivité en utilisant un diable découvert dans un recoin. Cela nous permit de transporter à chaque voyage une manne de terre et deux marmites. L'une tirait, l'autre poussait, les enfants accompagnaient l'effort. Nous avions tout l'air de participer à l'un de ces immenses chantiers asiatiques popularisés par les médias. Je me plaisais bien dans ce rôle de fourmi.

Pelletée après pelletée, voyage après voyage, nous eûmes relativement vite fait de mener à bien notre projet. Seila récupéra de tous côtés des plants de choux : choux chinois, choux japonais, choux blancs et verts, choux longs et choux ronds, qu'il repiqua au fur et à mesure. Pendant ce temps, les navets, profitant de la mousson qui soufflait du nord, se développaient à merveille. Le potager prit son essor.

Novembre, le mois venteux, est le mois des oranges. Nous

en reçûmes de pleines voiturées, tous les deux ou trois jours. On disait que les coopératives de la région de Battambang, conscientes des sacrifices consentis par les combattants de Phnom Penh, envoyaient des wagons de ce précieux fruit en signe de reconnaissance.

C'était la première fois depuis notre arrivée que nous mangions des fruits. Après le repas, nous remplissions des récipients d'oranges et, par petits groupes, nous nous retirions dans un coin ombragé et calme pour, disait-on plaisamment, « ouvrir un chantier ». Suivant l'exemple des combattants, j'en consommais chaque jour un nombre considérable. Hélas, cette ingestion trop vive de fruits frais déclencha en moi une furieuse inflammation intestinale. Malade et affaiblie, je perdis mon ardeur au travail, ce que ne manqua pas de remarquer et de me reprocher Sikoeun.

— Prends garde, me dit-il un soir, on dit que tu es *smock smanh.* (« Smock smanh, l'esprit est dans la confusion » avait été emprunté au bouddhisme par la phraséologie révolutionnaire. Cela voulait dire : « Tu ne te donnes plus à ton travail ; tu n'es pas en harmonie avec tes compagnons » et donc « ... tu t'opposes à Angkar ».)

— Qui dit cela ? demandai-je.

Sans répondre, Sikoeun poursuivit :

— Ton pays a une dette de sang envers notre peuple. Pendant cent ans, les colons français, tes ancêtres, nous ont pillés. Et c'est pourquoi, aujourd'hui, les conditions de vie ici sont difficiles. Tu es la seule Française ici. Tu as la chance incomparable de pouvoir donner une valeur à ta vie. Mais l'orgueil français t'étouffe. Il te faut apprendre la modestie révolutionnaire.

Je restai perplexe devant ce discours. Je me demandai une fois de plus quels pouvaient être au juste les sentiments et les projets de la communauté khmère et de l'Organisation à mon égard.

Un soir, après dîner, Sikoeun nous invita à rendre visite à grand-mère-gâteaux. Vivement, je préparai mes filles, me réjouissant d'avance à l'idée de les voir mordre une friandise.

Yey, grand-mère-gâteaux, était installée avec deux jeunes

aides dans une petite maison à une centaine de mètres de la salle des fêtes, elle était chargée de préparer des pâtisseries pour les « hôtes spéciaux » et les résidents étrangers. Petite, boulotte, les cheveux gris coupés court, elle ressemblait à toutes les bonnes-mamans-gâteaux. Pourtant, dès notre arrivée, la gêne s'installa dans le salon plongé dans la pénombre.

— Je suis infiniment reconnaissante à Angkar, disait grand-mère, de la tâche qu'elle m'a confiée et qui témoigne d'une grande confiance. A mon âge, je ne pourrais espérer apporter de meilleure contribution à l'édification du pays.

Sikoeun lui répondit sur le même ton de rhétorique glacée, tandis que je me cantonnai dans une attitude d'attente et de modestie révolutionnaire.

Se tournant vers les fillettes, grand-mère dit ensuite :

— Je n'ai plus de gâteaux ce soir. Rien n'est à moi ici ; la farine, le sucre, les œufs sont fournis par l'Organisation. Tout est mesuré. Les gâteaux que je fais, je les envoie.

Nous nous quittâmes un peu tristes, mais j'eus souvent l'occasion par la suite de retourner lui rendre visite dans l'espoir de soulager ses rhumatismes avec des aiguilles d'acupuncture.

La première fois qu'elle me proposa un gâteau, je crus voir dans son geste un test, peut-être dicté par Angkar. Je refusai poliment. Dès cet instant elle devint naturelle.

Au fil des visites, j'appris que Yey était originaire de la province de Battambang. Elle s'était mariée jeune et avait eu trois enfants coup sur coup. La guerre d'indépendance battait alors son plein. Son mari avait rejoint le maquis où il assurait le rôle de chef de région. Pour subvenir aux besoins de sa famille, Yey s'était mise à fabriquer et à vendre des gâteaux.

Après les accords de Genève, son mari rejoignit la maison et ils coulèrent ensemble des jours heureux, mais bientôt la répression s'abattit sur les anciens dirigeants des maquis. Avec ses enfants, Yey dut prendre le chemin de l'exil. Elle s'installa en Chine où elle fut rejointe par son mari. C'est là que ses filles firent leurs études de médecine et que son fils devint ingénieur. Quelle fierté pour cette femme !

La guerre reprit et, en 1972, après la mort de son mari, Yey et ses enfants rejoignirent les nouveaux maquis par la piste

Hô Chi Minh. Ses filles se mirent au service d'Angkar et son fils s'engagea dans l'armée. Il fut tué pendant l'un des terribles bombardements de 1973.

— J'ai appris sa mort six mois plus tard, me dit-elle sans sourciller. Beaucoup d'autres sont morts comme lui, en première ligne. Il s'est sacrifié pour la victoire. Aujourd'hui, il est là, près de moi, autour de nous, présent dans nos actions et dans nos pensées, dans nos espoirs qui se réalisent enfin.

Yey moulait toutes ses paroles, toutes ses réflexions dans la pensée d'Angkar. Sa vie de mère s'était confondue avec sa vie de militante.

Son visage ne s'animait que lorsqu'elle parlait de Krous, le petit garçon de sa fille Nane. Né pendant la guerre au fin fond du Nord-Est, le bébé avait contracté tout petit une de ces fortes fièvres dont on ne réchappe pas. Mais, contrairement à toute attente et alors que son linceul était déjà prêt, il avait survécu. Il était affligé cependant d'une hypertrophie du côté gauche.

En cette fin de 1975, alors que le gamin faisait ses premiers pas, le mal se développait. De jour en jour son visage se figeait et sa démarche se faisait plus difficile.

Yey chérissait l'enfant condamné à un handicap profond. Elle lui parlait beaucoup, jouait avec lui, le berçait en lui fredonnant sur cinq notes de douces mélodies. Par ses rires et son espièglerie, le petit Krous donnait bien de la joie à sa grand-mère. Yey et Krous ensoleillaient de leur chant d'amour l'univers révolutionnaire de B1.

Début décembre, les nombreux cocotiers qui entouraient le jardin d'agrément portèrent leurs fruits, chacun une ou deux grappes de noix encore vertes, comme on les aime au Cambodge. Les oranges étaient oubliées déjà et en cette fin d'année la soupe quotidienne se faisait bien claire. C'est pourquoi nous laissions tous traîner des regards attendris vers les fruits gorgés d'un lait réputé nourrissant. Tout le monde salivait en les regardant et certains ne résistaient pas à l'envie de les caresser en passant. Hélas, il était interdit d'en cueillir !

Un matin pourtant Seila ne put s'empêcher de monter en cueillir quelques-unes qu'il ouvrit et qu'il nous fit goûter.

C'était délicieux. Mes filles y prirent un tel plaisir que le lendemain je les vis avec surprise et amusement s'employer consciencieusement à sarcler les mauvaises herbes. Le geste, bien sûr, n'était pas désintéressé. Il n'échappa pas à Seila qui, cédant à leurs sollicitations où le chinois se mêlait au khmer, se résolut à cueillir encore quelques fruits. Nous nous assîmes en rond, et nous nous apprêtions à déguster quand je vis soudain Seila rougir comme une pivoine, se lever vivement et reprendre le travail. Je me retournai pour apercevoir la jeep d'Angkar se garer dans la cour.

Ieng Sary ne se montra pas, mais peu de temps après Seila fut muté.

3

Le khmer, tel qu'on le parlait dans les « rangs », était différent du khmer enseigné et pratiqué jusque-là. La langue avait fait peau neuve. Alors que la langue académique contenait une pléthore de mots sanskrits et pālis, la rendant difficilement compréhensible à l'homme du commun, la nouvelle façon d'écrire était moins complexe, et la nouvelle langue parlée plus raffinée.

Les changements avaient affecté le vocabulaire et les niveaux de langue. L'ancienne langue était extrêmement hiérarchisée, à l'image de la vie sociale, au point que des mots de la vie courante comme *je, manger,* ou *dormir* avaient trois expressions différentes selon le rang de la personne à qui on s'adressait, paysan ou valet, prince, bonze ou citadin, et selon son propre rang.

Pour *manger,* on avait retenu le « haup » du paysan, et le « niam » du citadin avait dorénavant le don de soulever l'hilarité. *Se reposer* fut préféré à *dormir,* ce qui mettait en valeur l'alternance *travail/repos.* Les termes *mari* et *femme* furent abolis au profit du terme plus général de *famille,* à résonance paysanne. Quand on parlait d'un enfant, on n'employait plus le mot « vear », *il,* affligé d'une valeur péjorative, mais le pronom « koat », utilisé pour les adultes. Parmi les innovations dans l'usage figurait également le remplacement de *solliciter* par *suggérer.* On disait : « *je suggère* ta houe » au lieu de « *prête-moi* ta houe ». Cette nuance, difficilement traduisible en français, montrait avec force que les temps étaient révolus où le prêteur ou l'usurier régnaient sur les paysans et les pauvres.

On avait abandonné le *bonjour, comment vas-tu ?,* littéralement *es-tu content et tranquille ?* pour *es-tu libre de toute fièvre ?* qui correspondait mieux aux préoccupations quotidiennes. Les expressions *merci, pardon, s'il vous plaît* avaient disparu du langage courant.

Il y avait encore un usage curieux des mots *ration, soutenir,* et *ouvrir.* Chaque distribution de vêtements, sandales, nourriture, médicaments, etc. s'exprimait comme l'*ouverture d'une ration.* Ainsi Angkar *ouvrait-elle,* par exemple, *une chemise,* tandis que le bénéficiaire *était soutenu* par Angkar *d'une chemise.* Au demeurant, il était formellement interdit, entre individus, de se faire des dons.

Cette transformation du langage supposait un nouveau comportement social et devait induire le respect et l'égalité entre tous. C'est ainsi que le *je* disparut également de la langue parlée, ce qui manifestait la primauté du collectif sur l'individuel. On ne parlait, on n'agissait plus qu'au nom du groupe. *Nous* faisons ceci, *nous* pensons cela... Cette substitution du *nous* au *je,* au nom de l'abolition de tout individualisme, fut bien assimilée par les simples travailleurs, mais elle fut utilisée par les cadres à des fins de confusion.

Le ministère des Affaires étrangères vit ses effectifs augmenter considérablement vers la fin de l'année.

Un matin, des dizaines de jeunes combattants arrivèrent à B1, par petits groupes, en files indiennes. Ils venaient assister à un séminaire politique. Ils avaient l'air sérieux de gens conscients des responsabilités qu'ils auraient à assumer. Tous avaient revêtu leur plus belle tenue noire.

Le séminaire dura plusieurs jours et on apprit peu à peu que les participants venaient de B2, B4, B6... (Chaque unité administrative était dotée d'une lettre numérotée — B, pour les affaires étrangères, K, pour la défense, P, pour l'hôpital, etc. — et dirigée par l'un des « grands » : Ieng Sary, Ieng Thirith, Son Sén, Vorn Vet, etc.)

La coutume voulait que, pendant les séminaires, la nourriture fût plus abondante. Une camionnette apportait des poissons, des légumes et des langoustes d'eau douce grosses comme le bras.

Les séminaires traitaient de la nouvelle situation au Cambodge. Ils reprenaient des thèmes que je connaissais bien : la clairvoyance d'Angkar, l'évacuation des villes et l'abolition de la monnaie. « La révolution cambodgienne était sans précédent dans l'histoire universelle », « Elle avait réglé l'éternelle contradiction entre ville et campagne », « Angkar dépassait Lénine et allait plus loin que Mao », « Le monde entier avait les yeux tournés vers le Cambodge parce que la révolution cambodgienne était la plus belle et la plus pure ».

Lors de ces séminaires, Angkar tentait également d'expliquer le rôle que l'on devait accorder au prince Sihanouk. Sihanouk, qui avait été présenté comme le premier ennemi du peuple, était devenu, après le coup d'Etat de Lon Nol, l'allié des Khmers rouges. Ce retournement — ou ce compromis — n'avait pas toujours été bien compris par les combattants.

« C'est un compromis politique », insistait Angkar, « ... tant que Sihanouk est notre allié, il n'est pas du côté de l'ennemi. Sihanouk est notre otage. Nous pouvons faire de lui ce que nous voulons. A l'O.N.U., il travaille pour nous. Nous avons mis le lion en cage. »

A la fin de l'année, les effectifs de B1 avaient presque triplé. Le réfectoire étant devenu trop petit, il fut décidé d'utiliser l'une des salles des fêtes. Quant à la cuisine, elle fut installée dans une baraque spécialement construite près du nouveau réfectoire. Mieux aménagée, elle comptait dès lors trois foyers au lieu d'un.

Parmi les nouveaux venus, une part des effectifs fut consacrée au développement de la culture, afin de réaliser l'autosuffisance. Un groupe de jeunes filles entreprit de défricher l'ancien champ de manioc. J'abandonnai provisoirement le potager des gens de bureau pour me joindre à elles. Je me mêlai à leur mouvement collectif dont l'homogénéité et l'efficacité me surprirent. Nous avancions de front, en ligne droite, portées par le groupe. L'individu était absorbé, transporté même par l'ensemble, au point que bientôt le groupe devenait un besoin. Jamais une jeune fille ne se déplaçait seule, même pour aller chercher un peu d'eau.

On s'arrêtait régulièrement. Pendant les pauses, comme pendant le travail, les bavardages allaient bon train, à moins que le désir de chanter ne l'emportât. Elles avaient de jolies voix et j'admirais leur mémoire. Elles retenaient un air entendu une seule fois et se passaient les paroles des multiples couplets, copiées avec soin sur des cahiers d'écolier.

Je me sentais bien parmi ces jeunes filles simples, mais volontaires et déterminées, jeunes mais déjà mûres. Elles m'acceptèrent sans problème et je trouvai là une joie simple et une justification de ma venue au Cambodge.

*

Il était arrivé, parmi le flot des nouveaux venus, un certain nombre de cadres du maquis, des « bang » comme on les appelait, c'est-à-dire des aînés, des grands. Ils s'étaient installés dans les villas abandonnées et dans les étages encore inoccupés de la maison-grillage.

Le premier arrivé s'appelait Môm. Il laissait élégamment dépasser une chemise blanche sous sa veste noire réglementaire et s'aspergeait abondamment d'une eau de toilette odoriférante. Cela ne correspondait pas vraiment au profil officiel du cadre d'Angkar qui se devait d'être proche du travail manuel et d'une vie simple. En me voyant il s'exclama :

— Ah, voici donc la Norman Béthune du Kampuchéa !

(Norman Béthune était un chirurgien canadien qui, pendant la guerre de résistance anti-japonaise avait apporté son concours aux communistes chinois. Mort d'une fièvre il fut élevé par ces derniers au rang de héros internationaliste.)

Ensuite on vit arriver Nou, une jeune femme avec un nourrisson dans les bras, son fils Phneou et son mari Saev. Elle s'installa avec ses enfants chez grand-mère-gâteaux.

Un peu plus tard encore, ce fut le tour de Tho et Moeun, un autre couple assez jeune avec une fillette nommée Pech — ce qui signifie *diamant* —, puis trois couples plus âgés, Cheang et Touch, Yôm et Din, avec leurs cinq enfants de trois à dix-sept ans, Yaêm et Ni, avec trois enfants. Tous étaient accompagnés de gardes du corps et transportaient avec eux une quantité de malles, valises et autres cantines sur le contenu desquelles Ri et moi nous interrogeâmes en vain.

Les « aînés » étaient considérés avec vénération mais, pour nous, ils suscitaient la surprise par leur comportement inhabituel, l'importance de leurs bagages et du personnel attaché à leur service.

Ri surprit un jour les gardes du corps de Yôm et Yaêm en train de fouiller ses affaires.

— De quel droit faites-vous fouiller mes affaires pendant que je travaille ? protesta-t-elle.

— Il semble que vous n'ayez pas encore tout remis à Angkar, lui fut-il répondu.

Din, la femme de Yom, avait une aide de camp du nom de Li, qu'elle traitait de façon très autoritaire.

— Li ! par-ci, Li ! par-là, entendait-on à chaque instant. Elle l'utilisait comme une servante. Li s'exécutait avec rapidité et douceur, et pourtant la matrone ne manquait pas de la rabrouer régulièrement :

— Camarade Li, n'as-tu pas entendu ce que je viens de te dire ? Tu manques à tous tes devoirs révolutionnaires ! Fais bien attention, camarade, de ne pas t'éloigner de la ligne juste et de te montrer digne de l'éducation idéologique que t'a donnée Angkar !

Yôm était très fier de sa femme.

— Avant la révolution, disait-il, elle était une femme au foyer acariâtre. Elle parcourait sa cuisine en tous sens « sans jamais en faire le tour ». Mais Angkar l'a éduquée et lui a confié une responsabilité de chef de district. La révolution l'a totalement transformée.

Pendant la journée, les aînées allaient souvent fureter dans les maisons abandonnées. Elles en rapportaient tout un bric-à-brac d'objets et de vêtements plus ou moins précieux qu'elles prétendaient envoyer dans les coopératives de la base. Mais un jour je les surpris en train de se demander quel argent elles pourraient bien tirer d'un lot de pierres précieuses qu'elles venaient de découvrir...

A la cuisine, malgré la pénurie, il arrivait des mets spéciaux destinés aux repas des aînés. Les petits plats pour Angkar, c'était la coutume, mais il s'y ajoutait fréquemment de vrais banquets avec poulets, porcelets, vins et riz gluant qu'ils se faisaient servir chez eux. Tous les matins, un garde du corps allait chercher pour leur petit déjeuner du pain blanc frais, cuit spécialement pour les résidents étrangers.

L'installation des aînés à B1 marqua une réorganisation de l'occupation des locaux. Les habitants furent rassemblés en groupes bien distincts, suivant leur valeur et leur ancienneté. Les aînés se taillèrent la part du lion et envoyèrent dans les villas individuelles les « moins évolués ».

C'est ainsi que nous dûmes déménager dans une villa qui avait appartenu un temps à Bopha Devi, une fille de Sihanouk, première danseuse, avant d'abriter les locaux de l'ambassade de Thaïlande. En la nettoyant nous récupérâmes une pleine caisse de devises thaïlandaises ainsi qu'une remorque de grenades...

Nous fûmes une douzaine à nous partager cette demeure princière. Les enfants, Sikoeun et moi occupâmes une grande chambre au rez-de-chaussée, avec une salle de bains adjacente. Ce n'était pas si mal !

*

Par un frais matin de décembre, ma surprise fut grande de voir arriver à B1 Catherine qui, suivant les consignes révolutionnaires avait renoncé à sa magnifique chevelure. De mère française, Catherine était la fille de Prasith, le quatrième fils de la grande famille Thiounn. Elle était arrivée à Pékin en 1972 pour suivre des études de médecine et nous étions devenues amies.

Elle me raconta comment le groupe des étudiants khmers en Chine, une cinquantaine, tous étudiants en médecine, était arrivé à Phnom Penh un mois plus tôt. Reçus comme des hôtes, ils avaient été invités à suivre un séminaire, puis envoyés à la campagne, sauf elle. Elle était peinée et surprise de cette décision qu'elle ne s'expliquait pas. Nous supposâmes que pour mériter de partir il fallait être de pure souche khmère.

Pheap, c'était maintenant son nom, était d'un bon tempérament, et, une fois son sac de chagrin vidé, elle retrouva sa gaieté et son dynamisme habituels. Nous fîmes une joyeuse équipe. Le travail manuel — remuer la terre et les ordures, couper du bois ou arroser les légumes — évoquait pour nous plutôt les vacances qu'une expiation de notre passé d'intellectuelles françaises.

En peu de temps Pheap réussit à se lier avec toutes les jeunes filles combattantes et fut même admise aux réunions du soir. Les réunions du soir, littéralement *réunions de vie*, devaient permettre, selon l'expression de Khieu Samphan, « un bilan quotidien des activités révolutionnaires ». C'était un rituel très important qui assurait la mobilisation des esprits. Lors de cette réunion étaient énumérées les diverses tâches de la journée. Chaque action, chaque pensée des combattants devaient être rapportées aux slogans révolutionnaires du moment. Ainsi, en cette période où il fallait « travailler avec ardeur au relèvement économique du pays », « compter sur ses propres forces » et « subvenir à ses propres besoins tout en apportant un surplus à Angkar », on pouvait entendre le président ou la présidente de la séance dire :

— Ces derniers jours, nous avons levé cinq billons et repiqué cent choux. Hélas, plusieurs plants n'ont pas pris ! Cela vient du fait qu'ils ont été brûlés par le soleil. Les chapeaux qui les recouvraient se sont envolé sous l'effet du vent. Il nous faut donc chercher d'autres plants. Cela nous prendra du temps et de l'énergie que nous ne pourrons pas consacrer « au relèvement de l'économie ».

Un volontaire saisissait alors l'occasion pour faire une autocritique :

— Respecté président, respectés camarades ! A propos de la remarque que vient de faire le camarade président, je voudrais souligner que les insuffisances relevées à propos du repiquage des choux sont dues à un manque de vigilance révolutionnaire et de sens des responsabilités de notre part. La faute est grave car notre subsistance et notre contribution à Angkar sont ainsi compromises.

Puis, haussant le ton, l'intervenant concluait :

— Nous sommes déterminés à renforcer notre vigilance révolutionnaire. Nous sommes déterminés à remédier à nos insuffisances et à travailler avec ardeur au relèvement économique du pays. Nous sommes déterminés à subvenir à nos propres besoins et à confier à Angkar l'excédent de notre production.

Suivaient deux ou trois autres interventions qui brodaient sur le même thème. Le lendemain, chacun était résolu à faire mieux que la veille.

Ou encore on faisait état des conflits qui avaient pu survenir entre les combattants.

— Ce midi, je n'ai pas bien mangé. La soupe était froide et il n'y avait rien dedans. Tout l'après-midi la tête m'a tourné et je n'ai pas pu travailler comme je le devais, pour Angkar et pour le relèvement du pays.

— Respecté président, respectés camarades ! rétorquait alors la cuisinière mise en cause, nous manquons de légumes et de viande et nous ne faisons pas tout ce que nous pourrions pour améliorer la vie quotidienne de tous les camarades ici présents et leur donner les forces nécessaires à la reconstruction nationale. Nous avons des insuffisances et nous sommes déterminées à les corriger, mais nous voudrions faire remarquer que le camarade est arrivé en retard et beaucoup de camarades arrivent en avance. D'autre part, il y a trop de camarades qui se servent copieusement sans penser aux autres. Ils ne voient que leur propre intérêt au détriment de l'intérêt général.

Quelqu'un renchérissait alors :

— Nous devons penser aux paysans des coopératives qui manquent encore de beaucoup de choses et qui malgré tout continuent de se priver pour soutenir Angkar, eux qui travaillent jour et nuit pour construire des digues et creuser des canaux.

On en venait alors à exiger que tout le monde arrivât à l'heure et à nommer quelqu'un pour servir la soupe.

Ainsi le linge sale sortait-il une fois de temps en temps. On le lavait et la vie repartait avec ses règles strictes, ses horaires, ses interdits. Les jeunes, issus de familles paysannes aux traditions millénaires, acceptaient de bon cœur cette discipline.

Malgré mon aversion pour la vie collective, j'étais bien

obligée de me rendre à l'évidence que celle-ci présentait l'énorme avantage de libérer des forces de travail, ce qui était appréciable en cette période d'après-guerre. La vie quotidienne en était facilitée. Il suffisait de trois personnes pour venir à bout des problèmes de ravitaillement et de cuisine de cent autres. Avec quelques poissons et un grand panier de légumes frais, on faisait une soupe pour tout le monde.

Evidemment, cela impliquait beaucoup de tolérance et de compréhension de la part de chacun, et beaucoup de dévouement de la part des cuisinières. Mais en cette période, la bonne volonté et la solidarité régissaient l'ensemble des comportements. L'ambiance était bonne et la vie agréable, en dépit des pénuries diverses.

« La situation va s'améliorer rapidement et ainsi le régime collectiviste progressera », disait-on en soulignant que nous étions en train de vivre le plus dur et que très vite tout irait mieux. Tout le monde en était convaincu.

*

Le pain, pétri à la farine moisie, était devenu immangeable et c'est avec soulagement que, fin décembre, au lieu de janvier comme prévu, nous le vîmes remplacé par du riz nouveau. Du fond de l'estomac chacun remercia Angkar, et les cœurs réchauffés furent tout acquis à une réactivation de la propagande. « Vive Angkar ! » « Vive la ligne économique ! » « Vive le régime collectiviste ! » « Développons notre pays à grands bonds ! » entendait-on de tous côtés. Et nous reprenions tous en chœur : « Avançons à grands bonds dans le développement de notre pays ! »

Avec la dernière lune de l'année une bise glaciale se mit à souffler. Jamais je n'aurais cru qu'il pût faire si froid dans un pays tropical. Le matin, sur la pièce de terre que nous défrichions nous faisions un grand feu dans lequel nous mettions des racines de manioc ou de patates. C'était bon.

Et Noël arriva qui coïncidait avec le jour anniversaire de ma deuxième fille. Depuis que j'avais quitté la France, j'avais cessé d'attacher de l'importance aux fêtes et aux anniversaires. Mon entrée dans la communauté khmère et dans l'univers désacralisant de la révolution culturelle, qui faisait rage à Pékin, m'avait éloignée et déshabituée de ces cérémonies familiales. Je m'étais engloutie dans le flot des jours ordinaires, mais, en ce Noël 1975, il faisait froid et j'avais envie de réchauffer nos cœurs et nos corps.

Sokha avait trois ans. Elle était si jolie avec son petit visage rond au teint clair, comme une perle irisée dans son costume noir. Elle ne se plaignait ni des privations ni de la solitude.

Elle se réfugiait dans un autre monde, un monde merveilleux où les oiseaux parlent, où les fleurs dansent, un monde couleur de la rosée au lever du soleil, un monde peuplé d'« aînés » au cœur généreux, un monde hors du temps et de l'espace qu'elle nous dévoilait en de fantastiques histoires à épisodes.

En ce jour je ne possédais rien. Je me mis à fureter comme une chatte en quête de nourriture, mais en vain. En désespoir de cause, j'emmenai les filles chez grand-mère-gâteaux, espérant qu'elle comprendrait. Elle préparait justement de petits délices à base de jaunes d'œufs cuits dans du sirop. Malheureusement Yey ne pouvait gérer son capital gâteaux comme son cœur l'aurait voulu. Nous eûmes pour nous la chaleur du feu de bois et la douce odeur du sirop de sucre qui cuisait.

*

Les jours s'écoulaient identiques à eux-mêmes, sans dimanche ni fête, ponctués seulement par l'appel du gong dont la musique allègre appelait au lever, le matin à cinq heures trente, puis à chacun des deux repas.

On se levait tôt et on se couchait tard, tout habillé.

Cinq minutes après le réveil, on était déjà à l'œuvre à arroser le potager. Dans l'obscurité, on entendait le tintement des seaux, quelques voix et le bruit de l'eau qui coulait sur les légumes. On balayait la cour. Au lever du soleil, tout était propre et en ordre.

Le jour de l'an arriva, sans feu ni joie. Je pensais que dans ma famille on devait lever des coupes pétillantes aux absents que nous étions. Cela faisait trois mois que je vivais à Phnom Penh, mais je n'avais pas encore reçu de nouvelles ni eu la possibilité d'adresser des lettres.

Le soir du 4 janvier, Sikoeun revint du bureau plus tôt qu'à l'ordinaire. Il portait un dossier, il s'approcha et, solennellement, posa sa main sur mon épaule. Puis, après un temps de silence, il me dit :

— En t'invitant ce soir à découvrir ce document exceptionnel, Angkar te manifeste une grande confiance. C'est un secret, un grand secret d'Etat, un document historique pour la nation et le peuple du Kampuchéa, ainsi que pour l'humanité tout entière.

Sikoeun prenait un vif plaisir à mettre à l'épreuve ma curiosité. Je me gardai bien de manifester de l'impatience. Il poursuivit :

— Maintenant que le peuple a de quoi manger, Angkar s'applique à résoudre les problèmes de l'Etat. Le nouveau Kampuchéa a bientôt un an, il lui faut un nom, un gouvernement et une constitution. Voici la future constitution. Je te l'apporte ce soir afin que tu la traduises.

Je pris le dossier avec modestie et je m'engageai à faire de mon mieux. Sikoeun posa sa main sur ma tête et me la fit hocher doucement. C'était une façon d'exprimer sa tendresse. Il poursuivit :

— Elle est très courte. C'est un vrai modèle. Tout à fait l'opposé de celles qui régissent les soi-disant démocraties occidentales ou populaires.

Après une première lecture, je me lançai dans un essai de traduction. Les formules et termes consacrés m'échappaient et, faute de pouvoir compiler quelque document, je ne dominai pas le sujet. Il m'en coûta de lourdes remontrances :

— Elle est Française mais incapable d'écrire en bon français ! Son cœur refuse de servir sincèrement le peuple du Kampuchéa !

Le 8 janvier au matin, la radio diffusa la nouvelle de la mort de Chou En-lai. J'allai avertir Pheap. Nous savions qu'en Chine c'était la disparition d'un être unanimement cher, et nous partagions la peine de tous ceux que nous avions connus.

Autour de nous, la vie continuait. Les jeunes poursuivaient leurs travaux dans l'ignorance totale. Les gens des bureaux accomplissaient, d'une manière volontairement joyeuse, leur routine, quant aux aînés, ils manifestaient une franche satisfaction :

— La Chine, il faut s'en méfier, disaient-ils. On lui doit beaucoup, certes, c'est un grand pays, mais elle veut faire de nous son satellite.

C'est à cette époque que je reçus la première lettre de ma mère. Ma joie fut à la mesure de mon attente. Sa lettre était très chaleureuse. Ma mère me donnait des nouvelles des uns et des autres. Elle écrivait aussi un paragraphe élogieux sur Angkar, sans doute à l'attention des censeurs. Enfin, elle m'encourageait à poursuivre.

Je relus sa lettre plusieurs fois et me sentis soudain honteuse de mes faiblesses et de mes doutes : j'avais voulu tenter une expérience, je me devais de persévérer.

Sikoeun me fit savoir que j'étais autorisée à répondre. J'écrivis une longue lettre avec force détails. Je passai sous silence les privations ainsi que les étranges comportements d'Angkar et de ses cadres. « Il a fallu que le peuple fût singulièrement proche d'Angkar et conscient de ses responsabilités pour remporter la victoire du 17 avril », lui écrivis-je, tout en sachant que malheureusement elle ne pourrait pas comprendre que j'entendais par là que les cadres d'Angkar n'étaient pas à la hauteur de leur victoire !

En fait, je rédigeai un article de propagande. Je remis ma lettre à Sikoeun. Deux semaines plus tard, il me la rapporta en me disant :

— Tout est bien.

— Si tout est bien, lui répondis-je, pourquoi n'est-elle pas encore partie ?

Sikoeun soupira. Il était toujours désemparé par ce qu'il appelait mes *réactions vives* et mon *comportement français*. Il m'invita à reprendre certains mots et certaines formules, de peur que ma lettre ne soit « interprétée comme une dictée d'Angkar ». Je refusai catégoriquement. Plutôt que de lutter, il préféra se lamenter :

— Ah, si ma femme avait été cambodgienne !

Dans ce monde étrange d'espoir et de violence, le couple que nous formions, Sikoeun et moi, se cherchait. Fondé sur l'idéal des « lendemains qui chantent », puis brisé en mille morceaux par l'étroit chauvinisme khmer, il s'était ressoudé un temps, mais la communication se faisait difficile. La raison d'Etat prenait toute la place du cœur.

Un soir, comme je lisais à la lumière d'une petite lampe, emmitouflée dans une couverture pour me protéger des moustiques, Sikoeun m'apporta un grand verre de café. Il savait combien j'aimais le café et il souriait, montrant qu'il était heureux de me faire plaisir. J'en dégustai une gorgée. Dieu, qu'il était bon !

D'un air triomphant, Sikoeun m'annonça :

— C'est du café de Païlin !

Evidemment, il ne pouvait manquer une si belle occasion de mettre en valeur les mérites de son pays !

— Fameux, le café de Païlin ! lui dis-je.

Au cours de la conversation qui s'ensuivit, Sikoeun m'avoua, très gentiment, avoir envisagé, lors de son séjour dans les maquis, d'épouser une compatriote.

— Tu comprends, me dit-il, j'étais loin de toi et des enfants, tout seul...

Je souris. Pour moi, cet aveu confirmait une intuition que j'avais eue à son départ.

— Je l'aurais épousée, continua-t-il, mais Ieng Sary est intervenu au nom d'Angkar. Il s'est opposé au mariage. Il a dit qu'à Pékin tu étais des nôtres et que tu faisais du bon travail.

C'est ainsi que je compris qu'Angkar avait prévu depuis très longtemps de m'attirer à Phnom Penh.

— Je suis flattée, lui répondis-je.

Confidence pour confidence, je lui parlai de mes étonnements. J'étais frappée de l'indifférence avec laquelle les jeunes filles que je côtoyais racontaient l'évacuation de Phnom Penh : les enfants perdus, les bébés écrasés, les femmes accouchant le long des routes, les blessés emmenés sur des lits à roulettes, puis abandonnés, les vieillards épuisés, les crises de désespoir, les suicides...

Sikoeun réagit brutalement :

— C'est faux ! Tout s'est très bien passé. Angkar avait tout prévu : des camions, des hôpitaux de campagne, du ravitaillement et l'accueil dans les coopératives... On n'a pas le droit de parler ainsi ! Donne-moi les noms de ceux qui racontent ces histoires. Ce sont des histoires inventées par l'ennemi et colportées par ses agents infiltrés dans nos rangs.

— Je ne connais pas les noms et je ne me souviens plus des visages, tous se ressemblent, lui rétorquai-je.

Je crois que Sikoeun accepta le mensonge pour la forme, sentant l'inutilité d'engager un combat sur ce terrain et jugeant suffisant de me faire peur. Je me promis qu'il n'y aurait plus jamais d'autres confidences.

A la cantine, garçons et filles, hommes et femmes mangeaient en deux groupes bien distincts. Beaucoup de couples vivaient séparés. La femme de Phon vivait avec Ieng Thirith, Nane et son fils habitaient la maison-grillage tandis que Phoeun, le père, s'était installé dans une villa.

Depuis toujours Angkar conseillait la séparation des époux. « Alors que le peuple souffre mille maux, disait-elle, et que le pays est dans le malheur, vous ne pouvez, en tant qu'éléments d'avant-garde, penser à votre bonheur personnel. Il est bon que les couples vivent séparés. »

Aux nombreux célibataires, on tenait un discours analogue :

— Attendez que les conditions s'améliorent, leur disait-on. Angkar pense à vous. Au moment voulu, elle vous mariera.

Les jeunes combattants et combattantes avaient tous quitté leur famille à un âge encore tendre. Garçons et filles travaillaient et vivaient côte à côte, sans problème. Ils ne prononçaient pas une parole plus haute que l'autre et ne se cherchaient jamais querelle.

J'aimais les combattantes. Malgré l'uniformité des vêtements, noirs et usagés, malgré le travail de la terre, elles étaient toujours très soignées. Tous les soirs, elles prenaient une douche et lavaient leurs vêtements, sans savon bien sûr, mais tout était propre et sentait bon la simplicité droite.

Tous vivaient épanouis dans une joie pure. Ils travaillaient consciencieusement et étudiaient avec sérieux. Ils consacraient tous leurs efforts au service de leur peuple, de leur pays et de la révolution. Ils ne demandaient rien en échange. « Quand l'économie sera redressée, disaient-ils, nous irons voir nos parents. Nous nous marierons quand Angkar le décidera. »

Un aîné, originaire de la même région que Sikoeun, me dit un jour :

— Pourquoi n'iriez-vous pas rendre visite à votre belle-mère ? Elle serait contente de voir qu'elle a deux jolies petites-filles !

Sikoeun n'avait pas revu sa mère depuis vingt ans. Il ne parlait jamais d'elle. Il m'avait raconté que, pour gagner Phnom Penh en quittant sa base dans le maquis, il était passé de nuit devant son village mais ne s'était pas arrêté. Il était fier de montrer ainsi qu'il était un vrai fils d'Angkar, ne reculant devant aucun sacrifice.

Veuve très jeune, sa mère vivait seule. Une maladie lui avait rendu la marche difficile. Au début de notre mariage, je lui avais écrit quelques lettres. Nous avions reçu de rares nouvelles disant que son état empirait.

Je soumis à Sikoeun l'idée de lui rendre visite. Il devenait plus facile à cette époque de voyager, et justement un cadre originaire d'un village voisin était sur le point de partir. On pourrait en profiter pour faire route ensemble.

Je me réjouissais à l'avance de ce voyage qui devait me permettre d'établir des liens plus solides avec la communauté khmère, mais Sikoeun prétexta du travail et le voyage fut remis, *sine die*.

Peu de temps après notre arrivée à B1, j'avais vu se former des plaies sur les jambes et les fesses de mes filles. Ce n'était à l'origine que de simples piqûres de moustiques mais la chaleur et l'humidité avaient favorisé l'infection, qui s'était rapidement étalée. Leur organisme, affaibli par la malnutrition, ne pouvait réagir. J'eus un moment d'angoisse. Heureusement, Ri finit par dénicher une poudre antibiotique dans le lot des médicaments en souffrance, et la guérison ne se fit pas trop attendre. J'éprouvai ainsi par moi-même combien les peuples des pays pauvres sont démunis devant la maladie.

Après les enfants, ce fut au tour de Sikoeun de souffrir d'une sorte de prurit aux orteils. Une nouvelle fois, je me sentis bien désarmée. J'avais à combattre à la fois le mal et à dominer mes réactions, moi qui à la vue du sang ou d'une plaie étais prise de vertiges !

Les gens me regardaient du coin de l'œil :

— Et vous, tante Phâl, vous n'avez rien ? C'est que la terre vous accepte !

Et devant mon étonnement amusé, on répétait :

— La terre vous accepte, c'est bon signe.

Devant la nécessité de m'armer contre la maladie, je décidai d'approfondir mes connaissances en acupuncture. Je m'exerçai chaque jour à trouver les points sensibles. Un jour, Sikoeun descendit du bureau le cou saisi par un torticolis. Pas très sûre de ma science, mais décidée à m'en servir, je lui plantai plusieurs aiguilles, après avoir essayé sur moi. Dix minutes plus tard, il repartait la tête droite !

La nouvelle se propagea. On vint me demander de soulager qui des maux d'estomac, qui un lumbago, qui une migraine ou une fièvre. Tous les jours, je piquai ainsi une ou plusieurs personnes avec succès.

Mais bientôt se manifesta une réaction insidieuse qui, peu à peu, prit de l'ampleur. Au début, on me dit simplement :

— Sais-tu que les médecins d'Angkar sont très compétents ?

Ou encore :

— N'as-tu pas peur de provoquer un accident ?

Puis par la suite :

— Prends garde à ne pas saboter les efforts des médecins d'Angkar !

Et enfin :

— Dorénavant, tous ceux que tu toucheras encourront des sanctions.

B1 vivait, comme toutes les unités, repliée sur elle-même. Les seules nouvelles que nous recevions de l'extérieur nous étaient apportées par les nouveaux venus. Aussi, le jour où Ri et moi vîmes arriver deux anciens de Pékin, qui avaient rejoint les maquis par l'avant-dernier contingent, nous ne fîmes qu'un bond pour aller les interroger sur le sort de nos anciens camarades.

— Tout va bien, dirent-ils en tournant le dos.

Mais à les regarder, nous eûmes un doute. Les deux étudiants avaient considérablement vieilli. En un an Khôn s'était voûté comme un vieillard. Quant à Mân, à qui son allure svelte et son élégance avaient valu jadis le surnom de « dandy parisien », il avait maintenant les cheveux tout blancs. Leur maigreur et leur mine de déterrés contredisaient leurs dires.

Plus tard, nous apprîmes que Yaev et Sovong étaient morts.

— Nous avons brancardé Yaev pendant cinq jours et cinq nuits avant d'atteindre l'hôpital, raconta Khôn, mais il était trop tard. Le paludisme...

— Le paludisme ? Est-ce possible ? Ils avaient pourtant emmené de la quinine et quantité d'autres médicaments...

— Oui, mais en arrivant, on a tout donné à Angkar !

— Et les autres ?

— Pas de nouvelles. Personne ne sait où ils sont.

*

Le dernier samedi de janvier, en arrivant au point de ralliement pour le travail manuel, j'aperçus une jeune fille seule, apparemment désemparée. Elle portait un pantalon et une veste bleus. Ses cheveux étaient un peu longs par rapport aux coutumes révolutionnaires.

— C'est une Chinoise, disait-on. Mais Pheap, qui savait tout, me glissa à l'oreille :

— C'est une Cambodgienne qui arrive de Pékin.

Petite Zheng était née au Cambodge et l'avait quitté très jeune. Elle avait suivi ses études en Chine. Son père, décédé, avait été un grand dirigeant de la guerre d'indépendance. Sa mère et ses sœurs avaient rejoint le Cambodge en 1973.

Quant à elle, elle venait d'arriver et se trouvait toute surprise de n'avoir pas été accueillie par sa famille.

— Il faut que je voie ma mère maintenant, disait-elle.

Elle piaffait d'impatience, se levait, se rasseyait, croisant ses jambes l'une sur l'autre.

Afin de lui épargner de mauvais jugements, je l'avertis :

— Se croiser les jambes est une habitude citadine qui est jugée réactionnaire.

Elle fut surprise. Elle semblait ne pas comprendre. J'insistai :

— Tu sais, lui dis-je, la révolution khmère se veut plus dure que la révolution chinoise !

A ces mots, Petite Zheng sursauta :

— Ce n'est pas possible ! me dit-elle.

Petite Zheng fut baptisée Sar, ce qui signifie *le message.* Elle fut intégrée à l'équipe des déménagements.

Le travail de déménagement consistait à aligner les maisons riches et bourgeoises sur la norme révolutionnaire. Il fallait n'y laisser que le mobilier minimal, une table, un lit sans matelas, des chaises sans coussins.

Les objets présentant une utilité pour la collectivité, la vaisselle, les vêtements, etc. étaient envoyés dans un entrepôt, et tout le reste, tableaux, meubles, objets d'art, livres, etc., était jeté par la fenêtre dans un camion qui, une fois plein, allait verser son contenu sur une immense aire de décharge.

J'aimais beaucoup Sar. Elle venait souvent me voir et nous parlions franchement. J'étais pour elle une grande sœur. Elle s'amusait avec mes filles et leur racontait des histoires chinoises. Ses visites nous apportaient un souffle de jeunesse et de gaieté.

Essayant de comprendre ce qui lui arrivait, elle cherchait à établir des parallèles avec la Chine. Mais la rigueur et la discipline khmère rouge n'avaient pas d'égales.

Peu après l'arrivée de Sar, Ri et Pheap quittèrent B1. Ri avait obtenu de rejoindre ses enfants. Pheap, quant à elle, fut dirigée vers un hôpital, ce qui correspondait mieux à ses compétences.

— Ri et Pheap sont de bons éléments, déclara-t-on ostensiblement devant moi. Elles ont un bon niveau de conscience révolutionnaire. Elles ont mérité d'Angkar. C'est pourquoi Angkar leur a attribué une tâche intéressante.

4

Une étape importante de l'après-guerre avait été franchie avec la nouvelle récolte de riz, mais le problème de la sécurité restait, lui, entier. Les combattants et les combattantes rapportaient souvent, sous le sceau du secret, que des arrestations s'opéraient, que des fusillades éclataient, de nuit comme de jour, dans différents quartiers.

Après l'évacuation, on avait fouillé Phnom Penh de fond en comble pour débusquer les réfractaires. Plusieurs semaines après la Libération, on en trouvait encore cachés dans des cagibis où ils avaient accumulé des provisions. Ce qui amusait les jeunes était de voir que leurs compatriotes, à l'abri du soleil, étaient devenus blancs.

Derrière tout cela, on devinait « la main des impérialistes américains et autres qui complotaient de renverser le nouveau pouvoir ». Aussi jugeait-on nécessaire de monter la garde la nuit.

Une nuit, une forte détonation me tira du sommeil, bientôt suivie d'une deuxième. C'était très proche. Je m'assis sur mon lit et, retenant ma respiration, je tentai d'interpréter le silence qui régnait à nouveau. Fallait-il se cacher ou fuir ? A mes côtés les enfants remuèrent.

— Ne bougez pas, leur souffla leur père.

Dans l'atmosphère de terreur et de mort qui nous enveloppa soudain, chaque seconde durait une éternité. Mon cœur battait à me faire mal. J'attendais, l'oreille aux aguets. Puis des bruits se firent entendre dans la maison. Ma tête se mit à bourdonner. Et si nous étions attaqués ? Des pas s'approchaient, on frappa à la porte doucement.

— Sikoeun ! Il y a une « situation », viens !

Sikoeun s'éloigna puis il revint bientôt. Il m'entraîna sur la terrasse. Plusieurs personnes y étaient déjà rassemblées, elles regardaient de l'autre côté du potager. Là-bas, près du trou où nous allions puiser de l'eau pour les légumes, éclairé par de fortes lampes, un homme gisait torse nu. Il était blessé à la jambe. Autour de lui se pressaient des silhouettes, mais personne ne semblait oser l'approcher, de peur sans doute qu'il ne cachât une arme. Il fallait attendre le jour, disait-on, pour l'interroger.

Les commentaires allaient bon train :

— Il a jeté sa veste, disait quelqu'un. Il faut la retrouver, elle cache sûrement un message !

— Il a peut-être voulu empoisonner l'eau ?

— Il était certainement accompagné puisqu'on ne retrouve pas sa veste !

— Il est bigrement gras ! L'ennemi nourrit bien ses hommes.

— L'ennemi envoie toujours deux hommes. Sûr que l'autre est en train de nous observer ! Peut-être sont-ils nombreux ? Il faut surveiller les abords de B1 !

Et brusquement quelqu'un se retourna vers moi :

— Phâl, va-t'en ! Il ne faut pas qu'on te voie !

Bien après le lever du jour, le blessé était toujours à la même place. Il avait perdu beaucoup de sang et se tordait dans un état de demi-conscience.

Le spectacle de ce jeune homme qui luttait contre la mort, au milieu d'un cercle de gens hostiles, était insupportable. Nane prit sur elle la responsabilité de le soigner, pendant que Yaêm, au nom des aînés et d'Angkar, convoquait un meeting pour faire acclamer « le héros qui, par sa vigilance révolutionnaire, avait asséné un coup terrible à l'ennemi et mis en échec son complot ». Le blessé fut transporté sans connaissance à l'hôpital.

Quand, quelques jours plus tard, je demandai à Nane ce qu'il était devenu, elle éluda ma question. Ce n'est que longtemps après que j'appris, au hasard d'une discussion, que le « redoutable ennemi » n'était qu'un jeune combattant du laboratoire pharmaceutique voisin, un bon élément, qui, dans un accès de fièvre paludéenne, avait quitté inconsciemment sa chambre, à demi vêtu. Il avait été tué.

*

Les matinées étaient longues, les après-midi s'écoulaient à grand-peine, et le soir, tout le monde étant en réunion, je m'ennuyais. Peu à peu, l'effet du dépaysement s'étant estompé, l'écho des beaux discours éteint, il restait la réalité : une vie de plus en plus dure entre la cantine, le potager et ma chambre. Tout mon univers se concentrait dans un cercle de cinquante mètres de rayon où je rencontrais, jour après jour, les mêmes personnes.

La malnutrition rongeait mon énergie. Mes activités physiques et mes pensées même se réduisaient. Je m'assoupissais, j'allais vers l'engourdissement.

Narén et Sokha jouaient et couraient çà et là, gentiment. Pourtant chez elles comme chez moi la vitalité avait bien baissé. Mes filles faisaient pipi au lit. C'est un signe qui ne trompe pas, la marque d'un déséquilibre émotionnel profond.

Les « oncles » et les « tantes », comme elles appelaient toute personne adulte, selon la tradition khmère, leur rapportaient de temps à autre une « pomme de lait », une « pomme rose » ou un « sakeo » cueillis au hasard de leurs déplacements dans Phnom Penh. « Pour les enfants », disaient-ils. J'aimais leur façon de donner, simple et désintéressée.

Parmi les « oncles », Toun, alors attaché au ministère des Affaires étrangères, emmenait quelquefois Narén à bicyclette vers les cuisines des résidences des hôtes où elle remplissait ses poches de bonbons. Je retrouvais en elle mon goût de l'escapade. Elle me ressemblait beaucoup et on le lui faisait remarquer amèrement.

— Sokha est bien, c'est une bonne enfant, elle ressemble à son père, elle est khmère, entendait-on dire. En revanche Narén est française...

Je restais dans la communauté khmère un corps étranger. Les petits cadres avec qui je travaillais rapportaient sur moi toutes sortes de remarques déplaisantes et Sikoeun se voyait critiqué publiquement par ma faute.

— J'avale des couleuvres à cause de toi, se plaignait-il sans cesse.

Au fil des jours, ma présence lui devenait de plus en plus insupportable. A la longue, lasse de cette situation et désireuse de lui épargner ces reproches, je décidai de faire chambre à part. Il restait au rez-de-chaussée une petite pièce dont personne ne voulait, parce qu'elle donnait sur la rue et se trouvait ainsi exposée à l'attaque d'un éventuel commando. Elle ne mesurait pas dix mètres carrés. C'était juste mais je m'y installai avec mes deux filles. Je récupérai quelques meubles et m'arrangeai un coin charmant.

Un soir que j'errais en quête de quelque distraction, je rencontrai sous la maison-grillage un rassemblement silencieux. M'approchant, j'y reconnus tous les aînés, les gens des bureaux et les chefs de groupe. Ils étaient accroupis autour d'une femme qui, assise sur une balancelle, leur tenait un discours. Je me fis petite et j'écoutai.

— Notre révolution est supérieure à celle des Vietnamiens, disait la femme. Les raisons de notre réussite sont l'évacuation de Phnom Penh, l'abolition de la monnaie et l'institution d'un régime collectiviste.

— Oui, Angkar est géniale ! répondit quelqu'un. Il n'y a plus de problèmes dans notre pays.

— Les Vietnamiens, eux, ne réussiront jamais, dit un autre. Ils voudraient maintenant nous imiter, ils envoient des citadins à la campagne, mais c'est trop tard !

— Ils n'ont rien à manger !

— Ils ne travaillent pas !

— Ils sont paresseux !

Assez forte, la quarantaine, le chemisier noir savamment arrangé pour laisser voir un joli pull de coton perlé, la femme semblait contente. Elle se balançait nonchalamment au milieu de son public. Soudain elle saisit d'une main un bébé qui jouait près d'elle et dégagea de l'autre son sein, pour lui donner la tétée.

— Qui est-ce ? demandai-je à mon voisin.

— Chut, doucement ! me répondit-il. C'est Roeun, un des plus hauts cadres d'Angkar !

*

C'est parmi les aînés de B1 que fut recruté le premier contingent d'ambassadeurs. Tho et Moeun devaient rejoindre la Chine, Yôm et Din le Laos, Cheang et Touch le Viêt-nam, Yaêm et sa femme la Corée. Tous laissaient leurs enfants, ce qui leur valut l'admiration générale.

— Nous avons pleinement confiance en Angkar, déclarèrent-ils. Elle est notre véritable mère ! Elle est la mère de nos enfants !

Entre-temps, Sien An, Duong Som Ol, Sarin Chhak — et leurs femmes —, trois hautes personnalités politiques de la période Sihanouk, ainsi que Toch Kam Doeun et Vanna, furent rappelés à B1, après un bref séjour à la base, jugé satisfaisant.

Le départ du nouveau contingent d'ambassadeurs coïncida avec le rappel des diplomates de la période antérieure. Ils furent rassemblés dans un lieu tenu secret à l'exception de Moch, l'épouse du secrétaire de l'ambassade de Pékin, qui arriva à B1. Elle avait un enfant de six ans, un autre de six mois et elle attendait un bébé. Sa mère, une descendante de la famille Sisowath, avait gagné le maquis dès le début de la guerre.

Beaucoup maugréèrent contre la présence à B 1 d'une personne de sang royal. Les « cadres de la première heure » étaient avides de leur revanche. Ils firent des gorges chaudes du sort réservé aux anciens diplomates.

— Ils menaient la belle vie pendant que nous dormions à la belle étoile, à eux de souffrir maintenant !

— Ils se gavaient de plats fins pendant que nous avions faim, les rôles ont changé, maintenant !

— Ils ne savent pas tenir une houe, ni planter un clou, on va s'amuser ! Ils vont apprendre !

Moch fut logée au premier étage d'une villa donnant sur la cour de grand-mère-gâteaux. Comme partout ailleurs, le mobilier était sommaire. Moch se plaignit des conditions matérielles qui lui étaient faites. Elle protesta ouvertement contre le régime alimentaire qu'elle jugeait insuffisant pour ses enfants et inadapté à son état. Puis elle réclama une voiture pour se promener... En un mot, elle perdait pied devant l'étendue des bouleversements de la vie quotidienne.

Mme Duong, avec sa patience intarissable et sa douce sagesse, essayait de lui faire accepter la réalité, mais Moch restait insensible à ses conseils. Elle se rendit un jour dans une petite maison du voisinage où avait été célébré son mariage. Fouillant dans ce qui restait des pillages successifs, elle ramassa religieusement un petit sac de soirée qu'elle rapporta chez elle.

Elle racontait volontiers les fastes de sa vie d'antan. Agissant ainsi, elle aggravait son isolement au milieu de gens qui la considéraient a priori comme une ennemie du peuple.

Vanna et moi allions souvent la voir pour lui parler, mais Moch se débattait dans sa détresse et ne saisissait pas les perches que nous lui tendions.

Un jour, elle écrivit au gouvernement pour supplier qu'on la laissât partir. En pure perte. En désespoir de cause, elle menaça de se jeter par la fenêtre : on se moqua d'elle.

Moch s'enfonça inexorablement dans son malheur et nous-mêmes, ne pouvant rien et craignant d'être accusées de complaisance ou de complicité, nous la délaissâmes.

L'élection de la première assemblée du peuple eut lieu à la fin du mois de mars. Elle ne suscita pas un grand intérêt. Dans l'état où se trouvait le Cambodge, on ne pouvait que s'interroger sur les conditions dans lesquelles s'était déroulé le scrutin.

Peu après fut annoncé le départ à la retraite du prince Sihanouk, ainsi que la composition du nouveau gouvernement. Les aînés exultèrent. Ils sentaient le pouvoir se raffermir dans leurs mains. Khieu Samphan fut mis à l'écart, et Pol Pot, qui était alors un inconnu, occupa la première place.

Début avril fut organisé un nouveau séminaire en trois

cycles, correspondant aux divers niveaux de conscience idéologique des participants. J'en fus exclue, ce qui ne manqua pas de m'alarmer. Ces périodes de séminaires marquaient souvent un regain de tension idéologique. Je sentis une hostilité se développer autour de moi.

— Il y a parmi nous des espions à la solde de la CIA et de la France, entendis-je dire.

De tels propos, qui me visaient assurément, auraient dû me faire rire, mais dans l'état de fatigue physique et morale où je me trouvais, je pris la chose très au sérieux.

Quelle que fût mon occupation, je gardais mes filles auprès de moi. Elles trouvaient toujours quelque chose à faire, ne se montraient pas exigeantes et jamais ne se disputaient.

Un jour, je leur trouvai une poupée que j'habillai de noir. Elles sautèrent de joie. Elles jouèrent un moment puis sortirent la promener. Je les suivis des yeux. J'étais touchée en les voyant toutes deux si douces, si gentilles, en dépit des privations et des difficultés.

Je m'étais remise à mon travail quand soudain des exclamations me firent lever la tête. Roeun s'était emparée de la poupée et la brandissait au-dessus des enfants qui tendaient en vain leurs petits bras pour la récupérer.

— Voyez-vous cela ? On s'amuse avec des poupées, maintenant ! A-t-on jamais vu des paysans jouer avec des poupées ?

Et toute la suite de Roeun de se gausser servilement.

Dès ce jour, ce fut à propos de mes filles que l'on me harcela. On m'accusa d'être une mère poule et de les éduquer selon des principes bourgeois et capitalistes.

— Les enfants sont une page blanche sur laquelle on peut imprimer tout ce que l'on veut, disaient les aînés en plagiant Mao. Quand ils reçoivent une éducation révolutionnaire, ils deviennent révolutionnaires. Mais toi, tu imprimes sur leurs caractères des conceptions françaises. Tu en fais des bourgeoises aux idées impérialistes et révisionnistes. Tu leur causes un grand tort !

Finalement, on me demanda de confier mes filles à Li, pendant la journée. J'acceptai volontiers. Li s'occupait avec intelligence des enfants de Din et Moeun. J'avais souvent espéré qu'elle pourrait également accueillir les miennes. Mais jusque-là on m'avait répondu « qu'on ne devait pas mélanger les torchons et les serviettes ».

Je les conduisis donc auprès de Li.

— A ce soir, leur dis-je. Amusez-vous bien !

Mais le soir venu, on vint m'annoncer que mes filles se trouvaient très bien auprès de Li et qu'elles désiraient y passer la nuit.

Le jour suivant, j'allai leur rendre visite. Toute la matinée j'avais tourné en rond, comme une chatte qui a perdu ses petits.

Je les trouvai en train de manger un pamplemousse.

— Les enfants ont un régime spécial, me dit Li. Angkar leur donne du pain, des fruits, du sucre, des bonbons, des gâteaux. Elle pense à leur santé, car l'avenir du pays repose sur eux.

Narén et Sokha étaient assises avec les autres enfants. Elles savouraient leur premier fruit depuis longtemps. Elles mordaient délicatement dans la chair et gardaient le plus longtemps possible le morceau de pulpe dans la bouche, dans une sorte de recueillement. Les regards fixés au centre du cercle, elles faisaient semblant de ne pas m'avoir vue.

Je m'en retournai tristement, songeant qu'Angkar avait trouvé un moyen puissant de tenir mes enfants : la nourriture. C'est alors que je fus abordée par Roeun :

— Tante Phâl, il ne faut pas aller voir tes filles continuellement. Cela dérange Angkar ! Quand elles ne te voient pas, elles ne pleurent pas. Elles sont plus heureuses avec Angkar, tu dois en être sûre.

Le séminaire des notables une fois terminé, les chefs, remplis d'une énergie nouvelle, conscients de leurs responsabilités et soucieux d'améliorer leur efficacité, réorganisèrent l'unité tout entière. C'est ainsi que la communauté enfantine vint s'installer en face de chez moi, dans une villa située de l'autre côté de la rue. De cette façon, même si, obéissant à la consigne, mes filles ne venaient que rarement me rendre visite, j'eus quand même le bonheur de les voir et de les entendre jouer.

La communauté enfantine compta bientôt plus de dix membres. Li s'en occupait toujours avec beaucoup de dévouement. Jamais on n'entendait un cri, ni un pleur, ni une dispute. Entre les enfants régnait un extraordinaire esprit de solidarité.

Li s'occupait de tout, du linge, de la toilette et de conduire les enfants à la cantine. Au moment de la douche, les enfants se déshabillaient, mettaient leur linge sale d'un côté, choisissaient et préparaient leur rechange, puis passaient en file indienne devant Li qui, avec des gestes précis et rapides, les savonnait. Les gosses levaient les bras, présentaient les oreilles l'une après l'autre et s'accroupissaient enfin pour que Li, d'une manière bien particulière, passe un orteil dans la raie des fesses. Sortant du bac à douche, les enfants s'enveloppaient dans un krâmar et ils souriaient, montrant leurs petites dents de lait blanches, heureux d'être propres et frais et de sentir bon.

Un midi, Narén vint à moi, s'assit et prit mon bras pour le caresser. Je fus émue de ce geste de tendresse. Je voulus la serrer dans mes bras mais elle me dit soudain :

— Pourquoi as-tu la peau blanche ? Pourquoi as-tu un nez pointu ?

Je sursautai, elle poursuivit :

— Pourquoi n'es-tu pas comme les autres ?

Puis elle s'échappa en courant.

Cela faisait plus de six mois que je vivais à Phnom Penh et je m'interrogeais toujours sur les intentions d'Angkar à mon égard. J'avais le sentiment d'être un symbole à usages multiples : je pouvais être soit l'incarnation du capitalisme et de l'impérialisme, soit, tout au contraire, l'image même de l'héroïne internationaliste, prête à tous les sacrifices pour la cause de la révolution...

*

Un jour, je m'adressai à Sikoeun :

— Puisque la vie politique se développe à nouveau, que

des diplomates s'installent à Phnom Penh et que l'opinion internationale s'intéresse au sort du Cambodge, pourquoi ne diffuserait-on pas un bulletin d'informations en langue étrangère ?

Comme il hésitait avant de répondre, je poursuivis :

— Il suffirait pour cela de reprendre et de traduire certaines des nouvelles diffusées chaque jour vers l'intérieur du pays...

Il essaya de me dissuader. J'insistai. Il finit par céder en imposant certaines conditions.

Dès le lendemain, j'enregistrai l'émission du matin et la traduisis. Au déjeuner, je remis les papiers à Sikoeun et je fis la même chose chacun des jours suivants.

Le 17 avril, premier anniversaire de la Libération, j'écoutai le long discours de circonstance lu par Khieu Samphan, puis j'entrepris de le traduire. Je pris à ce travail un vif plaisir. Mais quand je remis le papier à Sikoeun, contre mon attente, il se mit en colère :

— Ce n'est pas ton travail, me dit-il. Tu ne peux pas traduire un document aussi sérieux !

Et la traduction finit dans la corbeille à papiers. J'étais effondrée. Soumise à un tel traitement en France, j'aurais tout laissé tomber. Mais là, c'était différent. Je ne voulais pas courber l'échine sous prétexte que j'étais femme et blanche de surcroît !

Trois mois après avoir annoncé qu'on entrait dans une ère de vaches grasses, Angkar nous fit parvenir des sacs de riz qui portaient des inscriptions en anglais et en chinois.

Les premiers jours suivant la récolte, nous avions mangé quelques plats de riz, puis l'ordinaire était vite redevenu un bouillon le midi et une soupe le soir.

Le riz était si vieux qu'en Occident on aurait refusé de le consommer, mais il n'était pas question de faire les difficiles ! Plusieurs filles furent mobilisées pour le trier.

A trier le riz, nous étions couvertes de poussière blanche. Le travail cessait une quinzaine de minutes avant le repas pour permettre à chacune de se lever et de se changer. Jamais personne n'apparaissait au repas dans une tenue négligée ou sale.

Ce jour-là, je m'apprêtais à rentrer me changer, quand je vis arriver, par le chemin que je devais emprunter, une colonne d'inconnus.

Je m'esquivai pour observer l'arrivée de ces étrangers, et quelle ne fut pas ma surprise de reconnaître Chau Séng, suivi du corps des anciens diplomates et hauts fonctionnaires !

J'avais entendu dire que Chau Séng avait l'habitude de se porter volontaire « pour monter au palmier à sucre », l'une des tâches les plus périlleuses de la paysannerie cambodgienne. Il entendait se prouver par là qu'il était resté fidèle à son idéal de progrès social.

Il s'arrêta. C'était un homme d'un naturel affable, il engagea la conversation :

— Mon niveau de vie a terriblement baissé, me dit-il. Mais je dois dire que je ne manque pas de l'essentiel. J'ai appris beaucoup de choses et je suis content de constater que dans certains domaines et dans certains endroits, les progrès sont considérables...

*

Avec le mois de mai vint le temps des mangues. « Phnom Penh en regorge », disaient ceux qui « déménageaient » les maisons. Ces derniers, seuls autorisés à quitter B1 et à naviguer en ville, prirent sur leur temps de repos pour cueillir des mangues et en ramenèrent des voitures pleines. Entre la mangue « des quatre saisons » à chair claire et la « tête d'éléphant » » à chair rouge mais fade, il y avait toutes sortes de variétés. La meilleure était incontestablement la « kti », d'une taille moyenne mais allongée, fine et légèrement arquée, comme un corps de sirène.

Nous en mangeâmes tous tant et plus. En quelques jours, on vit les visages s'arrondir et prendre des couleurs. En vérité, les mangues nous firent le plus grand bien.

Il y eut une telle abondance de fruits qu'on ne put en venir à bout. Mme Duong proposa alors de faire une pâte confite.

L'idée fut acceptée à contrecœur par les chefs qui craignaient de faire ainsi une entorse à la conception révolutionnaire de l'alimentation.

La préparation et la cuisson de la pâte étaient un travail pénible et fastidieux. Sar et moi apportâmes notre aide.

— La pâte confite serait meilleure, dit Mme Duong, si on y ajoutait un peu de lait de noix de coco.

Il aurait suffi de cueillir une noix, mais les chefs s'y opposèrent :

— Que voulez-vous encore ? nous dit-on. On vous donne le petit doigt et vous demandez le bras !

La vieille dame n'insista pas et poursuivit sa préparation. Le travail dura plusieurs jours. Elle étala sa pâte au soleil en disques égaux. Il y en avait une telle quantité qu'on prévoyait de régaler tout le monde. Elle éprouvait une véritable joie à accomplir ce travail.

L'opération de séchage une fois terminée, Mme Duong découvrit avec tristesse que ses friandises avaient disparu. Elle s'en plaignit à la chef d'équipe qui haussa les épaules :

— C'est ce qui arrive lorsqu'on s'écarte de la ligne d'Angkar !

*

Sey arriva seule, un matin, à B1. Chacun fut surpris mais personne ne lui demanda d'où elle venait.

Sey avait le visage rond et régulier, le teint clair et de jolies petites dents blanches, des yeux couleur d'ambre clair entourés de petits cils recourbés, et ses cheveux étaient aussi fins que des fils à soie.

Sey était la fiancée de Saom. Elle venait le rejoindre pour célébrer leurs noces.

La cérémonie, austère, fut organisée simultanément pour plusieurs couples, autour d'une table vide, devant un drapeau rouge, un soir très tard, après une journée de travail comme les autres, et la veille d'un jour tout aussi semblable aux autres.

Une fois mariés, Sey et Saom se comportèrent publiquement comme des inconnus. Chacun travaillait de son côté, l'un au bureau, l'autre au potager. Sey débordait d'activité et de joie de vivre. A la cantine, lui mangeait du côté des hommes, elle, avec les filles.

La pudeur du jeune couple embellissait son amour.

Sey me raconta comment ses parents, le père médecin, la mère infirmière, avaient gagné très tôt le maquis et comment l'unité, où elle-même avait été affectée, était chargée d'encadrer un groupe d'étudiants arrivé de Pékin en 1973, parmi lesquels se trouvait Saom.

Le camp B17 était l'un des plus durs. Le régime alimentaire y était extrêmement réduit. Le travail, et l'épreuve, du groupe d'étudiants avait été de mettre en valeur une terre parfaitement inculte.

Après la Libération, Saom et Roeth furent affectés au ministère des Affaires étrangères. Quant aux autres, personne n'en eut plus aucune nouvelle.

Sey se retrouva, elle, dans une usine de textile. Elle y apprit, sur le tas, le tissage et la teinture.

Sey parlait de son travail avec beaucoup d'enthousiasme. Elle m'expliqua comment, avec ses compagnes, elles s'étaient organisées pour faire tourner les machines jour et nuit.

Le plus gros problème résidait dans l'approvisionnement en matière première.

Son œil de tisserande remarqua de suite que je n'avais pas de jupe convenable à porter. J'étais habillée d'un sarong teint dont les grosses fleurs et les ramages apparaissaient nettement. C'était franchement laid.

— Je pourrais te faire teindre du tissu pour un sampot, me proposa-t-elle.

— Tu es gentille, mais je suis venue les mains vides !

— Il suffirait de trouver un rideau.

— Un rideau ?

Je suivis son idée. J'explorai diverses maisons. Le seul qui restait était pendu à la fenêtre de la chambre de mon mari.

Trois jours plus tard, je portais un magnifique sampot, noir comme le jais, long et large à souhait...

Sey parlait de sa vie dans les maquis avec fierté, intelligence et simplicité. Je l'écoutais avec beaucoup d'admiration. Elle me raconta l'évacuation de Phnom Penh :

— L'armée est entrée dans Phnom Penh à neuf heures. Il y

avait partout des drapeaux blancs. La population était dans les rues et applaudissait. Tout le monde était content. Puis, soudain, des coups de feu ont éclaté, tout près d'ici, vers le marché. L'ordre a alors été donné de chasser tout le monde dans les quarante-huit heures... Malades, enfants, blessés, vieillards, femmes enceintes, tout le monde a été expulsé, *manu militari.*

Elle poursuivit :

— Phnom Penh a été évacuée par la force et les coopératives n'étaient pas prêtes à supporter la charge des nouveaux arrivants. Matériellement, elles n'avaient ni nourriture, ni logement...

C'était la première fois que j'entendais sur ce problème une opinion différente de celle d'Angkar.

Depuis le soir où elle était venue faire un petit topo sur la balancelle, Roeun-la-féodale, comme je l'avais surnommée, venait de plus en plus souvent à B1. Après quelques visites d'observation, elle se prit à critiquer et à donner des ordres.

Elle devint le bras droit de Ieng Sary. Forte de son nouveau pouvoir, elle installa des gens de son clan à la direction des équipes.

Elle fit un jour une faveur à sa nièce Voeun en lui confiant une voiture et un chauffeur pour se rendre à Taing Kauk, un petit bourg de la province de Kampong Thom où vivait sa mère.

Quand elle revint, Voeun n'était plus la même. La jeune fille au visage d'enfant, entouré de petits cheveux bouclés, avait perdu sa gaieté et son air joueur. Le visage grave, l'air traumatisé, elle resta muette plusieurs jours, puis elle raconta soudain :

— Dans les campagnes, les hôpitaux sont pleins. On refuse les malades. Ils dorment sur le sol. A Taing Kauk, on compte tous les jours vingt à trente morts, des familles entières qu'on jette à la fosse commune...

Je la regardai. A n'en pas douter, elle disait vrai. Les autres se détournèrent et reprirent leurs occupations.

Début juin, Angkar nous adressa un camion de maïs et Roeun prit la parole :

— En tant que membres d'une unité révolutionnaire, nous devons remplir nos tâches, subvenir à nos besoins et apporter un excédent à l'Etat. La charge des coopératives est lourde, nous ne pouvons dépendre d'elles. Nous devons même dorénavant leur apporter notre aide. Angkar nous envoie ce camion de maïs, vous l'égrenerez pour les prochaines semailles.

Quand le premier chargement de maïs fut égrené, il en vint un deuxième, puis un troisième, puis un quatrième. Nous passions toutes nos soirées, jusqu'à une heure avancée de la nuit, à égrener le maïs, à la main.

Les jeunes combattants, d'ordinaire si gais pendant le travail manuel, n'osaient bavarder en présence des gens du bureau, et ces derniers se gardaient bien d'engager la conversation. L'ambiance était assez triste.

L'opération se prolongea et nous en étions peut-être au dixième camion quand Roeun vint se féliciter de notre « haute conscience révolutionnaire ».

— Les coopératives travaillent beaucoup, ajouta-t-elle. D'ici la prochaine moisson, il reste encore six longs mois de travail pénible pour nos frères et nos sœurs paysans.

— Ici, nous n'avons besoin de rien, lui répondit un chef d'équipe désigné à l'avance pour « lancer les masses ». Nous comprenons le souci d'Angkar et nous sommes de tout cœur avec le peuple. Nous avons actuellement de la soupe de riz aux deux repas. C'est beaucoup quand on sait qu'ailleurs la ration est réduite. Nous pourrions mélanger ce riz et envoyer l'excédent à Angkar. Nous sommes déterminés à consentir tous les sacrifices, conclut-il.

— Nous sommes déterminés à consentir tous les sacrifices, reprit en chœur l'assemblée.

Le tour était joué. Nous vîmes revenir le maïs égrené qui remplaça le riz dans nos soupes quotidiennes.

Trop vieux, le maïs ne pouvait cuire qu'avec de la chaux, et il restait indigeste ! Néanmoins, personne ne se plaignit. Chacun restait convaincu, comme l'affirmait la propagande, que la situation dans les campagnes était excellente et que la prochaine récolte serait historique...

5

La saison des pluies avançait mais la nature restait encore profondément marquée par la sécheresse. Seul le lancinant coassement du crapaud-buffle était là pour nous convaincre de l'arrivée de la mousson.

Moch accoucha seule, un soir, après dîner. Pour lui avoir pris le pouls selon la méthode chinoise, je savais qu'elle attendait un garçon. J'espérais me tromper, elle désirait tant une fille !

Ce fut effectivement un garçon, un bébé magnifique. La nature est imprévisible ! Comment un aussi beau bébé avait-il pu naître de cette femme peu robuste, dépressive et sous-alimentée ?

Moch, qui avait subi une césarienne lors de la naissance de son premier enfant et une réanimation pour le second, avait préféré, cette fois-ci, accoucher seule. Il fallait qu'elle eût très peur des « médecins révolutionnaires » !

On devinait le cauchemar qu'elle avait vécu durant les longs mois d'attente. Maintenant, le seul lien qui la retenait à la vie, l'espoir d'avoir une fille, avait cédé et elle se laissait aller. Elle restait étendue, pâle comme une morte, sans un mouvement, au bord de l'abîme. Elle n'entendait pas l'enfant qui pleurait auprès d'elle, elle ne voyait pas ceux qui venaient lui rendre visite.

On la pressa bientôt d'allaiter son bébé.

— Je n'ai pas eu de lait pour mes deux aînés, répondit-elle. Comment pourrais-je en avoir pour celui-ci ?

— Sorya, la fille de Sihanouk qui est plus princesse que toi n'avait pas de lait non plus. Maintenant elle en a.

— Je n'ai pas de lait, répétait Moch.

— Angkar donne des rations spéciales pour les accouchées. On va te préparer des pieds de porc et des abats de volaille au caramel. En retour, arrange-toi pour avoir du lait !

Mais c'est en vain que Moch tendait son sein sec à son solide bébé. Angkar finit par lui « ouvrir » un régime de lait concentré, non sans lui faire la remarque :

— Le lait est réservé aux grands malades. Dans l'ancienne société, quand les gens de ta classe étaient au pouvoir, on les laissait pour compte ! N'oublie jamais les bienfaits d'Angkar !

Véritable force de la nature, le bébé se développa très vite et esquissa bientôt des sourires tendres et des areus charmants. Mais Moch était inaccessible, elle ne parvenait pas à répondre à ses sourires ni à s'intéresser à son éveil. Elle portait l'enfant sans éprouver de plaisir. Elle faisait peine à voir.

*

En ce milieu de saison, les effectifs de B1 atteignirent cent cinquante personnes réparties entre l'équipe de déménagement, la plus importante, les diverses équipes de travail manuel et le personnel des bureaux qui ne dépassait pas la dizaine.

Les « oncles » et les « tantes » des bureaux décidèrent d'étendre leur zone de travail manuel. D'un jour à l'autre, ils prirent l'habitude de descendre en groupe, à seize heures précises, et firent main basse sur tous les arrosoirs et sur toutes les palanches de l'équipe de travail manuel.

Ils remontèrent leurs jambes de pantalon, retroussèrent leurs manches de chemise et se mirent au travail avec ardeur.

On remarquait particulièrement Sarin Chhak et Duong Som 01 qui, malgré leur grand âge, participaient vivement aux travaux. Sarin Chhak ne faisait pas moins de cinquante allées et venues du fond du trou d'eau à la petite plantation.

A ceux qui, parmi les combattants, se demandaient s'il était raisonnable pour un homme de cet âge de faire un tel effort, Roeun maugréait :

— Les paysans, eux, font jusqu'à cent voyages, avec des charges autrement plus lourdes...

Duong Som 01 se consacra lui à la fabrication des arrosoirs. Il récupéra des bidons, des morceaux de tôle et des bouts de bois et réussit à composer de magnifiques arrosoirs. C'était du travail solide et bien fait que tout le monde apprécia hautement.

Duong Som 01 et Sarin Chhak avaient appartenu à l'élite de l'ancienne société. Ils en avaient connu les honneurs et les privilèges. On avait du plaisir à voir qu'ils avaient réussi à opérer un changement si remarquable.

Quant à moi, je trouvais une satisfaction et un bonheur tout simples dans le travail manuel et dans la vie communautaire. Je me détachais de ce qui avait fait jusque-là le quotidien. Je me découvrais une nouvelle sensibilité et j'apprenais une nouvelle façon d'aimer.

Je me surprenais à me dire que j'étais bien. J'avais accès à une vie intérieure de plus en plus riche. J'étais satisfaite du développement et des progrès de mes filles. Qui plus est, mes papiers commençaient à être appréciés !

— Le « Grand Ieng Sary » a déclaré devant tout le monde qu'il n'avait relevé aucune faute de traduction dans ton dernier travail, vint m'annoncer un soir Ane, la mine réjouie.

Quelques instants plus tard, Sikoeun lui-même vint m'apporter la confirmation. Il triomphait :

— Tu vois ! Je te l'avais bien dit ! Angkar s'occupe de toi. Elle ne se trompe jamais ! Un jour, quand tu auras fait des progrès, elle te récompensera.

Sikoeun m'annonça un soir qu'il partait en délégation le lendemain pour le Sri Lanka. Je sautai de joie :

— Tu vas pouvoir envoyer un mot à maman pour lui dire que tout le monde va bien ! lui dis-je.

— Si Angkar me le suggère ! me répondit-il. Mais il y a des problèmes de sécurité...

Comme je m'étonnais, il poursuivit :

— Toi, on te contrôle, mais ta mère on ne la maîtrise pas !

Il existe des complots internationaux qui visent à éliminer Angkar et les « aînés », tu comprends ?

Je ne comprenais rien à leur paranoïa, mais je compris qu'il ne ferait pas ce que je lui demandais !

— Pour les bulletins, tu continueras comme d'habitude, me dit-il encore. Tu les remettras à Mi, le secrétaire de Ieng Sary. Il les corrigera.

Le premier jour, les traductions terminées, je les portai à Mi qui les prit sans un mot. Le lendemain, je portai mes nouveaux papiers et réclamai ceux de la veille qui devaient être distribués en début d'après-midi. Mi me dit qu'il n'avait pas eu le temps de les regarder.

Plusieurs jours passèrent ensuite. Imperturbablement, je portais chaque matin mes papiers et réclamais ceux de la veille. En vain ! Mi faisait dire qu'il était trop occupé pour pouvoir les corriger.

Un matin, jugeant que le jeu avait assez duré, j'entrai dans son bureau. Mân tapotait laborieusement à deux doigts sur une machine à écrire.

— Tu veux tes papiers ? me dit Mi. Mân est en train de les taper.

— Je pourrais vous aider, répondis-je. Ce qui vous prend des heures, je peux le faire rapidement.

— L'important n'est pas d'aller vite ou lentement. L'important est la position politique de celui qui traduit. J'ai enregistré les émissions et j'ai comparé avec tes traductions. Tu ne traduis pas mot à mot !

— C'est vrai, je résume !

— C'est bien là que se trouve le problème !

— Tu sais parfaitement que ces articles ne peuvent pas être traduits littéralement. Ce serait imbuvable !

— Tous les mots sont importants ! Tu n'en fais qu'à ta tête. Toi et Sikoeun, vous faites n'importe quoi, c'est du sabotage organisé...

Il continua ainsi longtemps. Je quittais le bureau profondément ébranlée. Perdue dans mes pensées, je marchais comme un automate. Près de la cuisine, le camion plein d'ordures était prêt à partir pour Stung Mean Chey.

— Au diable leurs manies ! Faire un tour me fera du bien !

me dis-je. D'un geste rapide, je nouai mon krâmar pour cacher mon visage et posai un pied sur le moyeu de la roue. J'enjambai d'un seul élan les ridelles et me retrouvai sur les ordures pour une petite visite de Phnom Penh.

C'était ma première sortie depuis mon arrivée à B1. La ville avait été nettoyée mais les maisons restaient vides, abandonnées.

A Stung Mean Chey, le camion versa. Nous eûmes toutes les peines du monde à le remettre sur ses roues.

De retour à B1, je me trouvai nez à nez avec Mân qui me cherchait, l'air grave et soupçonneux. Je ne m'en souciai pas outre mesure. Mon escapade m'avait changé les idées !

— On a besoin d'un papier qu'on t'avait donné à taper, me dit-il. Il y avait des corrections dont tu n'as pas tenu compte.

— Il doit être à la poubelle, lui répondis-je.

— On a fouillé, on n'a rien trouvé.

— On fouille chez les gens pendant leur absence ! m'exclamai-je, étonnée de ma propre audace. Puis je me mis à la recherche du document.

Sur ces entrefaites, on vint m'apprendre que Sokha était malade. D'un bond je me rendis à la maison des enfants. Je trouvai ma fille allongée, amorphe. Je m'accroupis près d'elle et pris ses petites menottes. Son regard, désespérément vide restait fixé au plafond.

— Elle a de la fièvre depuis plusieurs jours, me dit Nane. On lui a fait des piqûres, mais la température ne descend pas.

Je pris peur et j'oubliai instantanément mes autres soucis. Durant ses dix-huit premiers mois, ma petite fille avait survécu de fièvre en fièvre, son souffle ressemblait alors à une petite flamme dans le vent. Toutes les angoisses passées me revinrent. Je décidai de rester auprès de ma fille. Je pris ses petits pieds entre mes mains et j'exerçai une pression du bout des doigts sur les bords internes du gros orteil, à cet endroit appelé *Rong* en acupuncture. Je fis de même sur le point *Quchi* situé à l'extrémité du pli du coude. L'enfant endormie se laissa faire. A minuit, sa température était descendue. Elle réclama de l'eau puis s'assoupit. Je continuai mes massages jusqu'à l'aube. Puis je m'esquivai.

Dans la matinée je revins voir Sokha. Elle était dans la cour, au milieu de ses camarades. Elle n'était pas encore très ferme mais la flamme de la vie brillait de nouveau dans ses yeux.

Pour moi, il ne pouvait y avoir de plus grand bonheur.

Les jours suivants, je continuai de remettre mes traductions à Mi, avant d'aller rejoindre vivement l'équipe de travail manuel avec qui je me sentais bien.

Mi et Mân me laissèrent en paix.

Les jours passant, je ne pouvais m'empêcher de penser à la date fatidique du retour de Sikoeun. Il ne manquerait pas de me faire des reproches et de me demander des explications.

Un soir, on vint me chercher. J'étais appelée auprès du « Grand ».

— On passe un film tourné dans la région de Battambang, m'expliqua-t-on chemin faisant. Le « Grand » veut l'emmener pour la clôture de la conférence de Sri Lanka. Il faut enregistrer un texte d'accompagnement en anglais.

Le film, tourné en huit millimètres, montrait des scènes de la vie dans les villages, des labourages au tracteur et des rizières repiquées. Il était techniquement médiocre mais son défaut lui conférait un air d'authenticité qui manquait aux films documentaires chinois.

Toute la matinée, je m'entraînai à dire le texte. L'enregistrement se déroula dans de bonnes conditions. L'opérateur, un technicien chevronné, s'en félicita, puis il ajouta :

— Parmi les jeunes qui passent à la radio, certains savent à peine lire. Il faut leur souffler les mots ou les obliger à apprendre le texte par cœur. Pour dix minutes d'enregistrement, il nous faut une demi-journée de travail...

Quand Sikoeun revint de la conférence, je lui demandai sur un ton innocent ce qu'il avait pensé du film.

— Quel film ? me répondit-il.

Je lui expliquai et il se mit en colère :

— Je ne peux pas tourner le dos sans que tu fasses des bêtises ! Qu'est-ce que ça signifie ? Tu veux faire la vedette, n'est-ce pas ? Ici, ce n'est pas comme ailleurs, tu es sous la responsabilité d'Angkar ! Une femme cambodgienne comprendrait cela, mais toi, tu es bien trop imbue de ta personnalité ! C'est cela l'éducation française, l'éducation impérialiste !

Sikoeun poursuivit sa diatribe pendant que je m'avouai intérieurement ne pas être fière d'être ainsi réduite à vivre passivement, à l'ombre d'un mari qui me fuyait et avait peur de moi !

— La modestie, tu ne connais pas ! me dit-il. Tu ne plies jamais, tu ne sais pas te soumettre. Pourquoi ? Parce que tu as le sentiment d'être propriétaire de ta propre personnalité ! L'individualité ! L'originalité de ta petite personne, voilà l'ennemi principal !

*

Roeun arpentait les lieux du matin au soir et ne lésinait pas sur les recommandations et les directives.

Sa principale préoccupation était d'amener l'unité à s'autosuffire. C'est ainsi qu'elle organisa une offensive pour mettre en culture la totalité des terrains compris dans le périmètre de l'unité. A chaque équipe fut attribué un lot. Je participai au défrichage d'un terrain planté de bananiers où se dressait une petite maison de bois.

— Ce devait être l'habitation des gardiens du terrain, dirent les jeunes.

A l'intérieur de la baraque, quel spectacle ! Les lits et les tables étaient renversés, les oreillers éventrés, les nattes déchirées, et les braseros brisés gisaient pêle-mêle entre une armoire et un buffet disloqués.

L'ordre fut donné d'abattre les murs et d'enlever les tôles du toit.

— Ceux qui habitaient ici n'ont plus rien à faire de cette baraque, commenta le chef d'équipe.

En un clin d'œil tout fut démonté, et on houait déjà la terre quand on entendit le soc heurter un objet métallique.

— Tous à terre !

Il arrivait fréquemment de déterrer des mines, ce qui causait de graves accidents.

L'alerte passée, on dégagea l'objet. C'était une boîte de munitions remplie de photos, de petits vêtements d'enfants et de papiers d'identité. Au fur et à mesure que s'étalait le contenu de la boîte, on pouvait reconstituer la vie des habitants. Un jeune couple, deux enfants et une vieille femme avaient vécu là. Lui était un petit soldat de Lon Nol. Toute leur fortune était étalée devant nos yeux.

— C'étaient des ennemis ! déclara le chef d'équipe. S'ils se sont cachés, on les découvrira un jour ou l'autre...

De même qu'on avait démonté la baraque, on arracha les bananiers, comme si, par les temps de disette qui couraient, on ne leur trouvait plus d'utilité !

Le second leitmotiv des propos de Roeun était de renforcer le collectivisme et de cloisonner les groupes. Les membres de chaque équipe devaient rester unis, se déplacer en groupe, travailler, prendre leurs repas et dormir ensemble. Les équipes ne devaient en aucun cas se mêler.

Dans cette perspective, Roeun ordonna un nouveau réaménagement de l'occupation des locaux. C'est ainsi que Sikoeun et moi nous nous retrouvâmes à partager une petite villa isolée avec Toch et Vanna. Cette mise à l'écart, qui manifestait la farouche démarcation entre « anciens » et « nouveaux », n'augurait rien de bon. Sikoeun en fit une nouvelle colère :

— J'ai souffert mille maux lors de mon séjour dans les maquis, me déclara-t-il. Tu as vu l'état squelettique où je me trouvais ? J'ai supporté cela pour mériter de mon pays et de mon peuple. A cette heure-ci, je devrais être avec les anciens. Mais à cause de toi, je me retrouve avec les nouveaux. A cause de toi, tous les sacrifices que j'ai consentis, toutes les souffrances que j'ai endurées ne comptent pour rien !

Quelques jours plus tard, alors que je me rendais au point de ralliement habituel, Choeun, le nouveau chef d'équipe, m'aborda :

— Tante Phâl, reposez-vous, aujourd'hui ! Les instructions ont déjà été données. L'équipe est au travail. Angkar n'a rien prévu pour vous.

Il en fut de même les jours suivants, et c'est ainsi que je fus exclue en douceur de l'équipe de travail manuel.

Je continuais d'effectuer chaque matin mes traductions et on m'invita bientôt à pénétrer le soir, après la fin du service, dans les bureaux afin de participer à la correction de mon travail.

L'agressivité de Sikoeun s'exaspérait de jour en jour et les séances de correction se prolongeaient de plus en plus tard dans la nuit. Pour cette besogne, Sikoeun s'était adjoint Mân. A eux deux ils ergotaient pendant des heures sur mes tournures de phrase.

— Il faut traduire mot à mot, me disaient-ils. Chaque mot est important. Tu n'en fais qu'à ta tête. Tu traduis en dépit du bon sens. Tu sabotes délibérément. Tu es plus dure que le roc !

De retour dans ma chambre, je tapais ensuite les stencils pour qu'ils soient tirés et distribués le lendemain matin.

— Ne crois-tu pas que nous pourrions organiser le travail d'une manière plus rationnelle ? suggérai-je un jour à Sikoeun.

— Rationnelle pour toi ! me répondit-il. Tu ne penses qu'à toi ! Te voilà bien avec ta logique occidentale, mais ce que décide Angkar est toujours bien fondé, conclut-il.

Puissance anonyme et sans visage, Angkar était omniprésente, aveuglément suivie et idolâtrée. Elle demandait à être servie inconditionnellement et en retour elle pourvoyait à tout. Elle avait banni toutes les religions et croyances mais elle s'imposait comme un nouveau Dieu.

Son impact sur les jeunes combattants était considérable. Ils en adoptaient sans réfléchir ni discuter tous les « enseignements ». Ainsi, le plus beau et le plus héroïque des peuples de toute la terre était-il le peuple du Kampuchéa. Rien ni personne ne l'égalait. Les Vietnamiens étaient des hypocrites et des paresseux, les Thaïlandais des flâneurs et des joueurs, les Laotiens trop peu nombreux pour mériter une épithète, les Blancs étaient des diables et les Noirs de vulgaires sauvages...

L'isolement et le cloisonnement renforçaient considérablement le travail idéologique d'Angkar. A cela s'ajoutait le fait que chacun était tenaillé en permanence par la faim, ce sur quoi Angkar jouait avec beaucoup de finesse.

Chacun voulait devenir un prolétaire d'Angkar, n'agir que par Angkar et pour Angkar.

Tandis que le travail idéologique se radicalisait, le régime alimentaire se dégradait. Roeun venait de nommer une de ses cousines chef de cuisine. C'était une femme expérimentée mais il n'y avait plus rien à mettre dans la marmite, et de plus en plus fréquemment nous mangions du maïs aux deux repas.

— Bientôt Angkar va cuire du pain pour tous, disait Roeun. Dans les coopératives, la moisson va commencer. Nous, à Phnom Penh, nous n'avons besoin de rien. Dans peu de temps, tout ira bien.

Chez les enfants aussi la situation devint préoccupante. Roeun avait nommé en remplacement de Li deux de ses nièces. C'étaient des personnages exécrables. Du centre enfantin, des cris et des pleurs s'élevaient souvent :

— Il n'y a rien à obtenir de Narén et Sokha, entendait-on. Elles ne veulent rien apprendre. Elles ne veulent pas se soumettre. Elles ont la tête plus dure que le roc.

Ou encore :

— Sokha a fait son autocritique. Elle ne fera plus pipi au lit. Elle a pris la décision de ne pas manger pendant trois jours le riz du peuple paysan.

Mes filles avaient eu le crâne rasé, elles étaient méconnaissables, hideuses. Leurs petits corps maigres étaient couverts d'abcès.

— Elles ont trop mangé de sucreries quand elles étaient petites, me disait-on.

Quand je passais devant la cour, elles me suivaient du regard. Leurs grands yeux noirs reflétaient une tristesse infinie. Mais elles ne s'approchaient pas, retenues par la peur.

Je parlai à Sikoeun du sort réservé aux enfants, il me répondit :

— Tu ne sais pas ce que tu dis. Tu racontes n'importe quoi. Avec Angkar, les enfants sont bien traités. Tu ne peux pas entendre tes filles pleurer, tu ne peux pas !

J'insistai, il haussa le ton :

— De deux choses l'une : tu es pour la révolution ou tu es contre. Nous, au Cambodge, nous ne faisons pas de compromis. Ce que fait Angkar est bien et juste. Tes filles n'ont pas besoin de toi. Angkar veille à leur éducation de Khmères. Tu dois en être convaincue. Tu ne mesures pas tout le mal que tu leur as causé pendant les premières années de leur vie !

Enfoncé dans son fauteuil, il me toisait d'un regard de Grand Inquisiteur. Il conclut :

— Tout me porte à croire que tu ne soutiens pas sincèrement notre révolution. Consciemment ou inconsciemment, tu t'y opposes ! Tu la sabotes !

Je fus stupéfaite de sa réaction. Je me retirai muette. Une fois seule, je m'interrogeai. Ce que disait Sikoeun était-il vrai ? Etais-je menée par des forces obscures qui me commandaient d'agir contre les intérêts que je croyais vouloir défendre ? Ebranlée au plus profond de moi, je balançai au bord du gouffre. Je sentis monter en moi des larmes de désespoir. Je tentai de me retenir :

— Ne pleure pas, ne pleure pas ! me criait une voix intérieure.

Il me revint à l'esprit une maxime que me disait souvent ma mère quand j'étais petite : « J'ai dit *la vie est méchante,* l'écho m'a répondu *chante.* » Et je me mis à chanter. J'inventai des paroles, j'improvisai. J'appelai la liberté. Et je pleurai en chantant de toutes mes forces...

Plusieurs jours passèrent encore mais cela ne pouvait plus durer. Il me fallait trouver une issue à cette situation intenable, sous peine de sombrer dans la folie. Le temps du rêve était passé. Il fallait mettre un point final à l'expérience que j'avais souhaité réaliser, mais comment sortir de ce guêpier ? Prendre la fuite ? Impossible ! Phnom Penh tout entière était une prison. On ne pouvait sortir de son unité sans être immédiatement repéré et embarqué par la Sécurité.

Je décidai de m'adresser à Sikoeun.

— Je ne peux pas perdre davantage mon temps, lui déclarai-je. J'ai proposé mes services avec désintéressement, mais au bout d'un an, je n'ai toujours rien à faire. J'estime que le contrat est rompu, je demande à partir.

— Je soumettrai ta demande à Angkar, me répondit-il, avec une joie mal dissimulée.

Trois jours plus tard, il me transmit la décision :

— Les enfants devront rester !

Je sursautai. Sikoeun me fixait d'un regard plus tranchant qu'une lame. Il guettait mes réactions.

Si j'insiste, pensai-je, il me fera disparaître. Les filles seront battues et affamées et nous mourrons chacune de notre côté. Quitte à mourir, je préfère que nous restions ensemble.

Je me retranchai donc sur moi-même. Je me composai ce que j'appelai un blindage à double sens. D'une part, je ne laissais apparaître aucun de mes sentiments ni aucune de mes pensées, d'autre part, je me préservais contre les influences extérieures et les pressions psychologiques. J'espérais m'en tirer, mais je savais que la lutte serait difficile.

Fin septembre, une nouvelle série de séminaires fut organisée. Roeun, à qui Ieng Sary avait délégué tous les pouvoirs, fut chargée de présider les études.

L'ouverture de la session fut marquée par la diffusion, à travers toutes les fenêtres grandes ouvertes, d'une tonitruante Internationale : « Debout les damnés de la terre, debout les forçats de la faim... »

Le pavillon où j'étais assignée était très à l'écart de tout et de tous. Pendant la journée, j'aurais pu être emmenée sans que personne n'en sache rien. J'aurais pu être agressée sans que personne entende mes cris. Je ressentais une peur indéfinissable devant un danger omniprésent.

Exclue des séminaires aussi bien que du travail manuel, incapable de rester dans ma chambre à ne rien faire, j'entrepris divers travaux de nettoyage et de désherbage. Puisque je ne pouvais ni partir ni fuir, je me consacrai à la culture des légumes. Le seul espace disponible était l'ancien chemin empierré qui passait devant mon domicile. Qu'à cela ne tienne ! J'amènerais la terre !

Je récupérai des planches dans la cour aux cochons et je contruisis des billons. J'allais chercher la terre à plus de cinq cents mètres. Palanche après palanche, obstinément, patiemment, je remplis les billons. Ce travail que personne ne me demandait de faire m'apporta une sensation de liberté. J'y trouvai une force nouvelle et une paix relative.

Quand j'eus rempli les quatre premiers billons, Sean me proposa d'y repiquer des choux « khanna », recherchés pour leur goût particulier en sauté et susceptibles d'être envoyés au magasin diplomatique en guise de soutien à Angkar. J'acceptai par curiosité, non sans savoir que c'était un pari. J'en pris soin et les cultures se développaient normalement quand un matin, horreur ! je découvris que des poules et leur progéniture avaient picoré la tête des jeunes plants. Ma récolte était compromise.

Hong, qui était là, me dit en souriant :

— Ce n'est rien, tante Phâl, on va arranger ça !

L'après-midi même, les quatre gars du potager du bureau arrivèrent avec poteaux, grillage, pics, bêches, tenailles... En moins de temps qu'il n'en faut pour le dire, ils avaient dressé entre mon domicile et le reste de l'unité une barrière haute de plus de deux mètres !

— Tu m'intrigues, disait Sar. Tu es mise en quarantaine, tu ne parles à personne, mais tu vois tout, rien ne t'échappe. On dirait que tu pénètres les gens pour lire leurs pensées !

Il y avait du vrai dans ce qu'elle disait. De l'auto contrôle des paroles à l'auto contrôle des pensées, j'en étais arrivée à me regarder penser et agir comme une étrangère. Cela me donnait un étrange pouvoir sur moi-même et sur les autres. Je dominais la situation. Je devinais les causes, je prévoyais les effets, je contrôlais les réactions de façon très naturelle.

Je notais rapidement un changement d'esprit ou d'attitude, ce qui me permettait de présumer avec justesse ce qui se passait. Faute de communiquer avec le langage, je ressentais fortement toutes sortes de vibrations. Certaines personnes m'apportaient une vague de douceur, d'autres me glaçaient ou provoquaient ma répulsion. Je voyais les gens à travers un vague halo, lumineux ou pâle, voire franchement sombre

Au mois de novembre, le maïs arrivant à épuisement, on ajouta à la soupe du liseron d'eau coupé en petits morceaux. En cuisant, le liseron sécrétait un jus noir abondant mais peu ragoûtant.

Sean, en bonne ménagère qu'elle était, préparait des soupes avec peu de chose : des herbes, des troncs de bananiers, des souches... mais certains jours, elle n'avait strictement rien à mettre dans la marmite.

Elle se plaignit un jour de ne pouvoir accomplir sa tâche ·

— Angkar, dit-elle, devrait pouvoir nous ravitailler un tant soit peu !

Le lendemain, elle reçut un panier d'œufs pourris et une manne de fruits, également pourris. Nous les mangeâmes...

Avec le retour de la saison sèche, les équipes du potager redoublèrent d'ardeur. De mon côté, je voulais également obtenir les plus beaux légumes. Ne connaissant rien à la culture, j'observais et j'imitais. Puis je tentai quelques expériences. Je voulus en particulier expérimenter l'influence du dénuement sur des plants de choux verts. Un matin, j'aérai le sol et je laissai les plants sans eau. Quand le soleil baissa, ils étaient si faibles que leurs petites feuilles ballottaient dans le vent. Je leur donnai alors soigneusement une dose d'engrais naturel et j'attendis le lendemain pour les arroser copieusement. L'effet fut époustouflant ! Les plants redressèrent quasiment à vue d'œil. D'un jour à l'autre, je les vis s'étoffer, s'étaler. Ils devinrent magnifiques. Roeun envoya rapidement une voiture pour charger la récolte qu'elle réservait aux étrangers. On la pesa. La moyenne était de trois livres par chou. C'était un record qui me satisfit, bien sûr, mais qui me donna également à réfléchir : l'arme de la faim était terriblement efficace !

L'atmosphère, en ce mois de décembre, se faisait pesante. Les séances de correction étaient de plus en plus folles. Audelà des problèmes de style se posait toujours le problème politique. Tout était politique. Chaque mot était épluché. Sikoeun et Mân se relayaient :

— Pourquoi n'as-tu pas traduit « sous la juste direction de l'Organisation révolutionnaire », conformément à l'original ?

— Parce que c'est écrit deux lignes plus haut et deux lignes plus loin...

— Prétends-tu qu'on écrit trop souvent « sous la juste direction de l'Organisation révolutionnaire » ? Sa direction est juste, il faut le dire et le répéter avec fierté ! Et pour le dire, il faut en être convaincu. A ta façon de faire, on voit bien que tu la méprises et que ton intention profonde est de saboter le travail !

Soumise depuis trop longtemps à un régime alimentaire fortement carencé et me livrant à de gros travaux, j'avais perdu en moins de six mois plus de dix kilos ! L'inévitable se produisit : un œdème aux jambes !

Sikoeun, profitant de ma faiblesse, jugea le moment venu de m'enfoncer davantage.

— Pendant que nous sommes au bureau, nous ne savons pas ce que tu fais, seule ici, me dit-il un soir. Tu peux très bien avoir des contacts avec des réseaux d'espionnage...

Puis il me gifla et me tordit le nez :

— Ce sont les gens qui ont un nez pointu, comme toi, qui ont pillé notre pays et massacré notre peuple !

Après la force, il essaya la compassion. S'allongeant sur le lit, la bouche ouverte, comme un malade à l'agonie, il se déclara atteint d'un cancer à l'estomac.

— On ne peut pas être malades tous les deux, gémit-il. Rends-toi compte de la charge pour Angkar !

Mais, malgré ma faiblesse, je n'avais jamais cessé de travailler. Je continuais d'assurer les traductions, la dactylographie et l'arrosage des légumes...

L'escalade se poursuivit jusqu'au soir où il déclara :

— Tu ne comprends rien à la révolution socialiste !

— C'est possible, lui répondis-je. Ce que je vois autour de moi est tellement édifiant !

Sans relever mon ironie, il poursuivit :

— Tu en es restée à la révolution nationale démocratique...

— Ah oui ? fis-je, étonnée. D'où tiens-tu cela ?

Puis je m'emportai :

— Primo, sache qu'en tant que Française, j'ai vécu la révolution démocratique il y a deux cents ans ! Secundo, le pays d'où je viens n'a jamais eu besoin de révolution nationale, et tertio en matière de révolution, la France n'a rien à apprendre du Kampuchéa !

La saison sèche apportait avec elle des températures printanières et correspondait à l'époque de la maturation du riz. C'est pourquoi Angkar en profitait pour inviter et recevoir des délégations étrangères.

Vers la mi-décembre, Sikoeun accompagna une délégation laotienne. Le premier matin après son départ, comme je m'apprêtais à protéger du soleil ma nouvelle plantation de choux, je rencontrai Ane et Vanna.

— Tu dois avoir beaucoup de travail, me dirent-elles. Nous venons t'aider...

Mais quand pendant des mois on a été entouré d'hostilité, on finit par trouver anormal un acte amical. Leur démarche me fit peur. Je m'interrogeai sur leurs arrière-pensées et répondit froidement à leur proposition :

— Vous savez bien que tous les jours je me débrouille seule...

Elles se retirèrent sans un mot, me laissant chagrinée de ne pas avoir su renouer les liens de notre amitié passée.

Le lendemain, comme je sortais de la cantine, Roeun vint à ma rencontre. Elle m'invita à entrer dans la maison des enfants et se fit apporter un paquet. Puis elle s'assit sur la première marche de l'escalier et se mit à parler :

— Angkar s'occupe de toi, au plus haut niveau ! me dit-elle en me passant la main dans le dos.

Je me crispai, elle poursuivit :

— Tu travailles trop, beaucoup trop ! Tu n'as plus que la peau sur les os ! Angkar ne veut pas cela... Hier, au cours d'une réunion au plus haut niveau — je dis bien au plus haut niveau —, on a parlé de toi. Angkar est contente de toi et te le prouvera bientôt. Tu verras... En attendant, refais tes forces et prends ceci...

Elle me remit le paquet.

— Demain, je t'enverrai encore quelque chose. Repose-toi, maintenant ! N'oublie pas qu'Angkar s'intéresse à la santé de tous et particulièrement à la tienne...

Le pain que Roeun venait de me donner sentait bon. Il sentait si bon que son odeur me pénétra par tous les pores de la peau et répandit en moi une douce sensation...

En franchissant le grillage qui me séparait du reste de la communauté et en voyant mes choux, je me souvins de l'expérience de la faim que je leur avais fait subir. Le doute m'envahit et je m'interrogeai sur l'attitude de Rouen. Que voulait-elle ? Pourquoi venait-elle me voir en l'absence de Sikoeun ?

La caresse dans le dos, l'appât de la nourriture, tout puait le piège. Angkar contrôlait ses « prolétaires » par la nourriture. Elle les mettait à genoux pour un bol de bouillon...

Ma situation d'exploitée était dure, certes, mais je la préférais encore à une place du côté des nouveaux exploiteurs. Je rangeai le paquet dans un placard, je repris ma palanche et mes seaux, et je continuai mon travail.

Le lendemain, une des servantes de Roeun m'apporta un nouveau pain tout chaud, merveilleusement appétissant. Je pris le pain qu'elle me tendait et je le portai dans le placard, à côté du précédent.

A la nuit tombée, j'allai donner mes deux pains à grand-mère-gâteaux, non pas qu'elle en eût besoin, mais je tenais à conserver une preuve que je n'avais pas mordu à l'appât empoisonné.

*

Un matin, comme je passais par la cour de la communauté enfantine, je vis un enfant allongé, face contre terre. Il n'y avait personne alentour

— Il est mort ! me dis-je.

Mon sang se glaça dans mes veines. Je me précipitai aussi vite que me le permettaient mes jambes paralysées par la peur. Je reconnus ma fille aînée.

— Narén ! Narén ! criai-je sans me contrôler.

Bientôt, je sentis ses petits bras maigres m'entourer.

— Ma chérie, que se passe-t-il ? lui demandai-je en essayant de desserrer l'étreinte de l'enfant qui se blottissait contre ma poitrine. Je découvris alors que son front était tout bleu.

— Que s'est-il passé ? répétai-je.

Obstinément, elle m'entourait de ses petits bras. Je lui parlai alors doucement, sans chercher à savoir pourquoi on l'avait jetée inerte au milieu de la cour. Je lui dis qu'elle était courageuse et je la suppliai de tenir à tout prix.

6

Au Cambodge, chaque pleine lune entre le nouvel an et la fin février est l'occasion, sur le Tonlé Sap, de pêches miraculeuses. En quelques jours, les chalands remontent des tonnes et des tonnes de poissons.

On en parlait avec beaucoup d'effervescence en ce début d'année. Roeun organisa des expéditions afin que les étrangers assistent au spectacle et puissent témoigner de l'abondance des ressources. Elle nous adressa également de pleins camions de poissons, charge à nous de les manger ou d'en préparer la conservation.

Toutes les forces furent mobilisées pour écailler et vider la pêche. Ce fut une joyeuse animation. Ici on préparait du prahoc, là on effilait des bambous pour embrocher les poissons qu'on allait fumer. Plus loin, on pilait le sel. Des tréteaux furent installés au milieu du jardin pour la fumure. Toutes les jarres furent réquisitionnées pour la sauce de poisson.

Il régnait une ambiance de fête, on mangeait abondamment, et le soir, on travaillait tard, en laissant brûler des tas de feuilles mortes pour chasser les moustiques.

C'est à cette époque que se produisit la première « disparition ». Un soir que nous étions tous installés au travail, je remarquai l'absence de Sien An.

Dans ce monde clos, il n'était pas question de passer inaperçu. Personne, non plus, ne pouvait échapper à la tâche que lui assignait Angkar.

Le lendemain, alors que je lui faisais de l'acupuncture, grand-mère-gâteaux m'apprit que Sien An avait été saisi d'un malaise cardiaque et que son épouse avait été appelée d'urgence auprès de lui. Son information ressemblait à un mot d'ordre. Il fallait y croire et la répéter telle quelle.

Pour en savoir davantage, j'allai dans la chambre des Sien An. J'y découvris un spectacle poignant. Tout était sens dessus dessous, le lit et la table étaient renversés, comme après une lutte. L'armoire était vide et le sol jonché de photos.

C'étaient des photos de leurs enfants. La date était soigneusement notée au verso. Je reconnus Kourk, le petit dernier, qui souriait nu sur un oreiller, et Nika, leur seule fille, que j'avais connue à Pékin où elle se comportait comme une véritable petite maîtresse de maison. Quand les parents étaient absents, c'était elle qui tenait la bourse et savait se faire obéir de son grand frère.

Que s'était-il donc passé ? Je ne pus en savoir davantage.

Puis le bébé de Moch tomba malade. Depuis longtemps, je n'allais plus lui rendre visite. Ce n'était pas faute de temps, c'était plutôt par manque de courage, de peur d'être compromise.

J'eus des remords, j'allai la voir. Je trouvai une femme à bout de résistance physique et morale. Elle était mal remise de son accouchement. Les menus travaux quotidiens la fatiguaient beaucoup. Qui plus est, elle était soumise à des harcèlements continuels.

— Les femmes du peuple n'ont personne pour les aider et elles continuent de porter des palanches d'eau après leur accouchement, lui disait-on. Comment oses-tu manger le riz d'Angkar ? Crois-tu que tu vas élever tes enfants sans rien faire, comme dans l'ancienne société ?

Elle eut beaucoup de difficultés à obtenir des médicaments pour soigner son enfant. A ses demandes, il était répondu :

— Qu'attends-tu d'Angkar, toi qui ne fais rien pour elle ? Dans l'ancienne société, les médecins de ta classe ne s'occupaient pas des pauvres !

Je lui proposai d'arracher quelques carottes pour qu'elle

puisse préparer un bouillon. Elle accepta mais elle avait peur. Nous risquions d'être accusées de nous approprier les biens d'Angkar.

Après avoir lavé les carottes, je coupai soigneusement les fanes que je gardai pour les lapins.

Le premier couple de lapins avait été amené à B1 par Sien An, qui s'en était occupé et les avait fait procréer rapidement. Depuis son départ — puisqu'on ne parlait encore que de « départ » — Phât avait pris la relève. Quand il me vit arriver avec mes fanes, il manifesta de la peur :

— Misère de moi ! Que vas-tu leur donner ? Sais-tu que ce traître de Sien An a trouvé le moyen de les empoisonner avant de partir ?

L'état du bébé empira. Quand Angkar dépêcha une moto et un médecin pour hospitaliser l'enfant, il était déjà trop tard.

Moch pleura son bébé et les aînés se moquèrent de son manque de retenue. Deux jours plus tard, elle disparut avec son second fils, sans que personne sût ce qu'elle était devenue.

Le départ de Moch fut présenté comme une mesure de charité envers quelqu'un qui « ne pouvait pas suivre le développement impétueux de la révolution ».

Peu à peu, les conversations firent état de l'élimination de Sien An. Personne n'en connaissait la cause mais tout le monde s'en remit à la lucidité d'Angkar, sans chercher à en savoir plus. La seule indication nous fut fournie par une accentuation du travail idéologique sur un thème nouveau : « A ne pas courir assez vite, on se laisse dépasser ! »

Le processus de l'élimination des retardataires une fois enclenché, les événements se précipitèrent.

Quelques jours plus tard, j'étais à la cuisine, épluchant les légumes en compagnie des femmes, quand un aîné s'approcha de nous et demanda, à voix basse, à parler aux épouses Duong et Sarin Chhak.

Suivant l'habitude du secret, ils s'écartèrent tous trois et échangèrent quelques mots. Puis les deux femmes rentrèrent chez elles. Cinq minutes plus tard, comme je retournai chez moi une fois le travail terminé, je vis une jeep arrêtée sur le chemin. Surprise et effrayée d'être le témoin d'une chose insolite, je me cachai et j'observai ce qui allait se passer. Je vis alors la femme de Sarin Chhak monter avec son ballot et la jeep démarrer aussitôt.

Le soir, j'interrogeai Sikoeun qui me répondit :

— Sarin Chhak et Duong Som Ol sont trop vieux. Ils ne pouvaient plus ni suivre ni comprendre. Mieux valait les retirer de la circulation et leur éviter ainsi de devenir des traîtres.

A la fin du mois de janvier, Roeun, sur le point d'accoucher d'un sixième ou septième enfant, montrait une fébrilité inhabituelle. Elle venait fréquemment à B1, jusqu'à deux fois dans la journée, distribuer, ici et là, des fruits, du sucre... ou des ordres. On l'aurait crue en campagne électorale. Mais que pouvait-elle attendre de plus ? Elle était déjà le maître des lieux et tous les chefs d'équipe étaient ses neveux et nièces, cousins ou cousines.

Puis elle disparut et les membres de son clan furent envoyés « en mission ». « Elle a été mutée en province », entendit-on dire dans les couloirs.

Avec Sar, pour la première fois, nous osâmes chuchoter le mot d'épuration.

Ieng Sary nomma Vén à la place de Roeun. Dès qu'elle fut promue, Vén s'arrogea des privilèges. Elle cessa de prendre ses repas à la cantine et laissa apparaître des vêtements chics sous son costume noir...

Roun, le chef de l'équipe des déménageurs, fut remplacé par un nommé Houn, originaire d'une lointaine minorité nationale, qui s'exprimait encore maladroitement en khmer et que sa subite promotion laissa étonné.

N'ayant jamais vu des camions que de loin, il refusa catégoriquement de monter dans la cabine ou dans la benne, mais, escaladant allègrement le toit, il s'y installa en tailleur, les bras croisés, le regard fixé droit devant lui, comme sur le dos d'un éléphant.

C'est le même personnage qui entreprit un jour de constituer un grand élevage de poules afin de procurer de la viande à l'unité. On arracha alors la grande parcelle de manioc — qui était presque formé — pour construire un vaste poulailler. Le travail achevé, une camionnette apporta une centaine de poules et de coqs. Le problème de leur alimentation se posa tout de suite avec acuité. Il fallait soit diminuer notre ration alimentaire, soit laisser la volaille chercher sa nourriture, ce qui aurait été fort préjudiciable aux cultures.

A titre provisoire, Houn décida d'enfermer toute la volaille dans le poulailler. Ce jour-là, il fit très chaud. Le soir, quand Houn rendit visite à son élevage, il put compter les survivants sur les doigts d'une seule main. Les cadavres prirent le chemin du magasin diplomatique...

*

Dans l'attente que mon sort fût réglé, je poursuivais avec obstination mes cultures sur le chemin empierré. C'est ainsi que début janvier, j'avais planté plusieurs billons de menthe, de radis et de carottes, des choux et des salades. Bout à bout mes billons auraient mesuré plus de deux cents mètres sur quatre-vingt centimètres de largeur. Pour transporter la terre ainsi que pour l'arrosage, matin et soir, je faisais une centaine de voyages sous ma palanche. Par curiosité, un jour, je pesai une charge de terre : quarante kilos !

Quand j'eus terminé les billons, je défrichai un fossé qui longeait le chemin et, sur la fine couche de limon, je plantai des tomates. J'eus les plus belles tomates de l'unité.

Tout cela n'était cependant pas « mon » chantier, ni « mes » cultures, pas plus que « mes » choux ou « mes » tomates. Mais j'y trouvai une chose inestimable : la confiance en moi-même. En me mesurant à la nature, j'apprenais à mieux me connaître.

Le matin, je poursuivais mes traductions, même si chaque soir on s'acharnait à me les raturer dans tous les sens. Je cherchais des tournures souples, des mots justes, des expressions fortes.

Avec février la saison sèche se fit plus dure. Sous le ciel sans couleur et le soleil brûlant, l'air sec piquait la peau et tendait toutes les fibres du corps. La végétation dépérissait et les points d'eau étaient taris depuis longtemps. Parmi les cultures, seules mes tomates continuaient de produire, favorisées qu'elles étaient par leur emplacement. On venait me les cueillir chaque jour, on les pesait et on consignait la récolte sur un registre. Il n'y avait aucune raison de tenir une telle comptabilité mais j'étais contente de voir que les jeunes, hier analphabètes, étaient maintenant capables de tenir un cahier.

Il devenait urgent de réorganiser l'arrosage. Les petits points d'eau au fond desquels on accédait par des planches branlantes et glissantes ne convenaient vraiment plus. Le moment parut propice pour creuser un bassin digne de ce nom : les gens des bureaux s'y attelèrent. Un plan fut dessiné : le bassin serait carré et mesurerait douze mètres de côté et autant de profondeur. On aménagerait trois échelles de bois confortables. On y mettrait des liserons d'eau et des tortues. On planterait des citronnelles tout autour pour faciliter la ponte des tortues.

Une offensive fut engagée. On installa des néons et on brancha des haut-parleurs. Je m'associai au travail. A cinq heures, tout le monde, ou presque, était sur les lieux. Dans la nuit noire les néons donnaient aux allées du potager une allure de grand chantier industriel. C'était magnifique. Tout le monde travaillait dans la bonne humeur.

Pour les intellectuels qui participaient à ce chantier, le travail manuel n'était plus le travail du pauvre. Ce n'était pas davantage une punition ou un exercice sportif. Tous égaux devant la terre, intellectuels et combattants se transformaient en compagnons. De là naissait une joie vraie. J'étais heureuse, je me sentais à la fois petite et grande. J'étais en même temps la goutte d'eau et l'océan...

L'avant-dernier samedi de février, dès les premières notes de l'indicatif de l'émission de radio matinale, je posai ma palanche pour aller, comme chaque matin, en assurer l'enregistrement. Je rangeai le matériel et je me passai la tête et les pieds sous l'eau en écoutant l'annonce du programme que diffusaient les haut-parleurs, quand, à ma grande surprise, je compris que la radio était en train de diffuser le même programme que la veille. Cela ne s'était jamais produit. S'agissait-il d'incidents techniques ? Je n'eus la réponse que bien plus tard quand j'appris que toute l'équipe de la radio avait été arrêtée pour atteinte aux bonnes mœurs !

Le lendemain, je vis revenir Toch et Vanna en plein après-midi, ce qui était très inhabituel. Depuis quelque temps déjà, on disait qu'ils avaient le vent en poupe et qu'ils allaient être nommés ambassadeurs. Supposant que la décision avait été prise, j'allai leur faire mes adieux. Vanna était très contente.

— On va à la campagne, me dit-elle.

Les suppositions se confirmaient donc. Ils allaient visiter quelques régions avant de partir pour l'étranger. En moins de cinq minutes, ils avaient rangé leurs affaires. Une jeep les attendait déjà. Vanna partit sans dire au revoir à ses enfants, conformément aux nouvelles habitudes. Secrètement, je les admirais tous deux. Ils étaient mes amis depuis dix ans...

Je suivis la voiture des yeux et restai sur le chemin longtemps encore après que le nuage de poussière qu'elle avait soulevé était retombé. Puis je me retrouvai seule.

Le lendemain, Sikoeun s'exclama :

— Ah, quel traître, ce Toch ! Il n'a rien voulu reconnaître devant le Grand Ieng Sary qui lui tendait pourtant généreusement la perche. Il a fait le fier ! Mais en arrivant à la Sécurité, il a tout avoué d'un bloc. Ah, le traître !

*

Mars s'écoulait et on commençait à parler des événements. Certains affirmaient que le clan Roeun avait été rassemblé à Takhmao, dans un camp de rééducation. D'autres disaient, sans qu'on ose les croire, que tous avaient été fusillés, les enfants compris.

Au centre enfantin, les conditions de vie s'étaient considérablement améliorées. Angkar avait donné de nouveaux vêtements, la nourriture se faisait plus consistante. Les enfants avaient retrouvé une jolie mine. Ils riaient, couraient, sautaient de nouveau.

Treize mois s'étaient écoulés depuis que j'avais quitté mes filles en leur disant : « Au revoir, à ce soir ! » J'eus, en ce mois de mars, le sentiment de vivre une seconde fois, tant j'avais cru notre situation désespérée.

Suite aux événements, la communauté enfantine avait éte

réduite de moitié, ce qui témoignait de la gravité des épurations.

Mes filles exploitèrent bientôt le léger relâchement de la discipline. Un jour, elles firent la moitié du chemin jusqu'à ma maison, puis le lendemain elles s'approchèrent encore, poussées par la curiosité de voir où je vivais. Enfin, l'aînée s'enhardit jusqu'à demander de passer une nuit chez moi.

Quand elles furent là, je poussai une table contre la porte. Leur père était absent et j'éprouvai un sentiment de crainte : je me demandai si, le cas échéant, je saurais protéger des êtres si précieux.

Comme elles avaient changé ! Comme elles avaient mûri ! Elles abandonnèrent le comportement khmer, fait de réserve et de silence, comme on retire son manteau, et, pour moi, elles s'animèrent.

Elles avaient maintenant cinq et six ans. Je ne les avais pas vues grandir !

Elles ouvrirent le placard pour voir ce qu'il contenait, elles examinèrent la salle d'eau et le petit morceau de savon que je gardais précieusement depuis des mois, sans me résigner à l'user jusqu'au bout. Elles le reniflèrent en connaisseuses pour affirmer bientôt que chez les enfants le parfum des savonnettes était meilleur !

Comme nous parlions, assises sur le lit, Sokha se leva, alla chercher un gobelet d'eau et le posa entre nous en disant :

— Nous le mettons en commun.

Tout à leur joie et à leur excitation, Narén et Sokha jouèrent et parlèrent jusqu'au petit matin. Nos cœurs battaient à l'unisson dans le bonheur de nous retrouver. Le passé ne comptait pas, ni le futur. Nous étions bien.

Quand les haut-parleurs du jardin diffusèrent l'indicatif de la première émission de radio, elles se passèrent de l'eau sur le visage et partirent en courant, la main dans la main, comme une envolée de fées.

Au cours des séminaires qui se déroulèrent début avril, pour le deuxième anniversaire de la libération, Ieng Sary reprit la place qu'il avait précédemment laissée à Roeun.

La fête fut particulièrement solennelle et protocolaire.

Je fus invitée à assister à un exposé.

Pendant quelques heures, donc, j'entendis parler des épurations qui avaient eu lieu ces dernières semaines. Cinq « grands traîtres » avaient été anéantis : le clan de Koy Thoun, président de la zone nord, avec Soeu Doeun, secrétaire d'Etat au commerce, mari de Roeun, Toch Phoeun, Sien An, Krean Lean, président de l'aéroport de Pochentong et sa femme, Sean Layni et sa femme... des personnes que je connaissais et que j'avais appréciées ou admirées. (Ce que Ieng Sary omit de préciser, lors de son exposé, c'est qu'avant de les envoyer à la Sécurité, il avait annoncé à chacun une promotion !)

Quand il eut fini de parler, Ieng Sary se composa une expression grave et demanda aux participants de collaborer à la dénonciation des « traîtres ».

Plusieurs personnes demandèrent la parole. L'un se plaignit de n'avoir pu se marier, un autre d'avoir trop travaillé, d'autres de n'avoir pu retourner chez eux à la campagne, malgré les promesses qui leur avaient été faites. Rone parla avec émotion de sa mère qu'elle avait quittée, pour trois jours, deux ans plus tôt. Chaque intervention se terminait par un vibrant :

— Vive Angkar ! A bas les traîtres !

Puis une combattante entreprit de critiquer le dernier exposé qu'avait fait Roeun, juste avant son arrestation. Ieng Sary l'interrompit alors en disant que les exposés d'Angkar étaient toujours justes.

Il y eut un grand silence... Personne ne savait plus que penser !

Le séminaire une fois conclu, tout le monde imagina que des jours meilleurs allaient venir, qu'on pourrait se marier, revoir sa famille, travailler moins, apprendre davantage...

Le jour anniversaire de la Libération, un grand banquet fut organisé, le premier depuis deux ans. On égorgea un cochon et ce soir-là tout le monde s'amusa fort.

Au milieu des jeunes combattants et combattantes, Kalyane, la fille de Vanna, courait et riait de bon cœur. Dans l'excitation générale, elle déclara, à propos de ses parents — toujours officiellement à la campagne :

— Dommage qu'ils ne soient pas là pour s'amuser avec nous !

La réflexion tomba dans l'oreille de Choeun. Une heure plus tard, une voiture venait chercher Kalyane et son frère. Ils furent emmenés dans une sous-unité de B1 consacrée à la production potagère et à l'élevage. L'un dut garder les bêtes, l'autre arroser les légumes du matin au soir. Quand ils revinrent à B1, ils n'osaient ni regarder leurs anciens amis, ni dire un mot.

*

Se targuant d'avoir assaini ses organes internes, Angkar établit des plans de reconstruction nationale.

Dans sa structure même, disait Angkar, du fait du transfert de la propriété à l'Etat, l'agriculture et l'industrie appartenaient déjà au futur. Il restait à résoudre le problème de la production et, afin d'avancer rapidement, on allait remplacer les buffles et les charrettes, trop lents, par des camions.

L'idée était présentée comme originale. En cinq ans, on allait moderniser les transports, en dix ans l'agriculture et en vingt ans l'industrie. Un souffle nouveau emportait le mouvement général. Tous les espoirs étaient encore permis.

Les différentes activités furent réorganisées. On planifia d'étendre les cultures, on programma des élevages de porcs, de canards, de lapins, de pigeons et même de tortues. Vén se procura des cannes à sucre et m'associa à leur culture. C'était nouveau et cela me plaisait beaucoup. On devait repiquer deux fois plus d'aubergines que l'année précédente...

Notre production devait s'accroître rapidement.

*

Plus de six mois après leur arrivée à B1, un seul des quatre gars du potager, Bien, avait obtenu un travail au bureau. Les autres étaient toujours à l'épreuve.

L'un d'eux avoua alors timidement que les conditions de vie étaient trop dures pour lui et demanda à retourner auprès de sa famille. Sa demande étonna beaucoup et on s'étonna encore plus de la réponse positive que lui fournit Angkar.

Le lendemain de son départ, le potager resta vide. Les deux autres gars ne vinrent pas de la journée. Ils ne vinrent pas non plus le lendemain.

Personne n'eut plus jamais de leurs nouvelles. On entendit dire qu'ils avaient été impliqués dans un complot contre Angkar.

Puis ce fut le tour de Heng Pich, un des responsables des déménagements. Petit, maigre, chauve, les yeux fortement bridés, Heng Pich était un ancien général de l'armée de Sihanouk.

Heng Pich fut accusé de sabotage économique. Le déménagement des maisons bourgeoises de Phnom Penh fut soudain considéré comme un acte contre-révolutionnaire, un gaspillage évalué à des centaines de milliers de dollars ! Aucune explication ne vint justifier ce soudain retournement, mais les déménagements cessèrent et Heng Pich disparut.

L'ampleur et la multiplicité des accusations de complot contre Angkar commençaient à donner le vertige. Toute la famille de l'accusé, frères, sœurs, cousins, neveux, femmes et enfants, nouveau-nés, était saisie du même crime.

Tous ceux qui, de près ou de loin, avaient approché lesdits « traîtres » étaient supposés faire partie de « réseaux » organisés par les accusés. Avoir participé à un repas ou assisté à une réunion, avoir donné une poignée de main en souriant étaient des preuves de complicité.

— Nous agissons au nom de la pureté, disait Angkar. Il faut extirper le mal totalement. Une seule mauvaise graine peut donner un champ de mauvaises herbes.

Et elle se félicitait d'avoir la perspicacité, l'audace et la volonté d'aller jusqu'au bout du nettoyage des filières, pour le bien du peuple. Ce qui suscitait les commentaires élogieux des combattants :

— Il faut qu'Angkar aime vraiment le peuple pour se défaire des cadres qu'elle a formés patiemment pendant des années. Vive Angkar, qui nous protège contre les complots étrangers !

L'élimination des filières reposait sur les « aveux et confessions » rédigés par les accusés. Chaque accusé devait retracer sa vie, en reconstituer les événements et énumérer les noms des personnes connues, rencontrées ou contactées. C'est ainsi que des listes de cent ou deux cents noms étaient chose courante. Une même personne figurant sur les listes de trois « traîtres » était arrêtée. Plus tard, devant le nombre impressionnant d'arrestations que cette méthode impliquait, le nombre fut porté à cinq.

Sikoeun me dit avoir été prévenu par Ieng Sary qu'il avait été dénoncé trois fois. Il me parla également d'un dîner auquel il avait été convié un soir, après la libération de Phnom Penh, pour partager un kilo de nouilles récupérées dans un déménagement. Il avait accepté l'invitation mais n'avait pu, par chance, s'y rendre : ce repas était maintenant classé comme une réunion préparatoire à un complot contre l'Etat !

Chacun était soumis à des pressions et vivement convié à dénoncer les traîtres. Dénoncer ses amis pouvait être une façon de se protéger, mais c'était aussi prendre le risque de les voir en faire autant, sans être sûr qu'Angkar attacherait plus de prix à votre profession de foi qu'à la leur !

Sikoeun me harcelait. Il voulait me faire avouer que j'entretenais des contacts avec le KGB, la CIA, le S.D.E.C.E. et les services vietnamiens !

Si je n'avais pas vu tant d'amis embarqués « en douceur », j'aurais certainement souri de ces accusations, mais l'heure était grave ! Une ambiance de suspicion généralisée s'était emparée de B1. J'étais seule, sans appui. Il ne fallait pas que je me laisse impressionner. Il fallait que je tende ma volonté et que je reste vigilante. Obstinément, je continuai de vivre normalement sans montrer ma peur. On m'observait et je savais que le moindre signe de trouble de ma part serait interprété comme la preuve d'une culpabilité.

*

La logique de la détection des coupables était un mélange de pseudo-psychanalyse et d'ordalie. Celui qui n'avait rien à se reprocher faisait tout bien, sans faute. Les coupables étaient forcément amenés à faire quelque chose de révélateur de leur turpitude.

De nombreux aînés étaient littéralement verts de peur. Mi se lança éperdument, tout seul, dans le houage d'une grande parcelle de terre. Il fallait qu'il en eût gros sur la conscience ! Son comportement étrange alimenta tous les soupçons !

Bien, le chef du protocole, quitta sa chemise blanche pour aller racler les fosses septiques...

Keat Chhon et Thiounn Prasith ne se quittaient plus. On les voyait déambuler, tête baissée, le dos voûté, rongés par l'anxiété.

Phât, lui non plus, n'en menait pas large ! Sa femme avait été l'adjointe de Roeun. Elle avait échappé au coup de filet mais servait probablement d'appât. Phât s'occupait des lapins. Aussi longtemps qu'ils se porteraient bien, on le laisserait tranquille, mais gare à lui s'ils venaient à tomber malades !

C'est pourquoi je le vis un jour arriver affolé chez moi. Ses lapins avaient les yeux gonflés. Je l'accompagnai et ne pus que lui confirmer ce qu'il craignait : la myxomatose !

Il se démena pour trouver du sucre et parvint, pendant quelques jours, à enrayer le mal. Mais finalement les lapins moururent.

Phât, sa femme et leur bébé de quelques semaines disparurent. Il en fut de même de Bien que je vis s'éloigner un matin, derrière une moto. Sa femme, enceinte de six mois, ne se doutait de rien.

Les femmes des disparus n'étaient pas tenues au courant du sort réservé à leurs maris. Elles espéraient longtemps avant d'apprendre, souvent de manière détournée, la dure réalité. Conformément à la tradition qui veut que le nom du premier enfant soit une synthèse du nom des parents, la femme de Von avait appelé son bébé Vong.

Hong lui suggéra un jour de lui donner un autre nom. C'est ainsi qu'elle comprit qu'elle ne reverrait plus son mari.

Des nouvelles effroyables parvinrent de toutes les unités, de toutes les régions, faisant état de machinations et de complots. La vague d'épuration, que l'on croyait quelques mois auparavant limitée à une unité et à un clan, balayait maintenant tout le pays. Le Cambodge, disait-on, était convoité par la subversion internationale...

Chacun était fiché comme un ennemi en puissance. Seul, celui qui suivait à la lettre le schéma et les opinions d'Angkar était délivré du soupçon.

C'est ainsi que l'on apprit que le crime de Toch était d'avoir émis en réunion des « opinions ». Il en était de même pour Sien An.

Après ces vagues d'épuration, qui furent ressenties comme une saignée à blanc, Ieng Sary fit appeler de nombreux cadres dirigeants de la région Nord-Ouest, conduits par Sou, avec femmes et enfants. Après un court séjour à B1, ils furent officiellement envoyés dans une unité spéciale afin de se préparer à partir pour l'étranger ouvrir des ambassades. Quelques jours plus tard, on apprit qu'ils étaient des « traîtres ».

On était ahuri d'apprendre que des « aînés » populaires, aimés et considérés comme des parents, participaient à des conspirations. Les cadres, hier « tout bons », devinrent d'un coup « tout mauvais ».

On me fit déménager pour aller dans un immeuble occupe par des jeunes couples. Un soir, après dîner, Sikoeun m'annonça sur un ton très solennel que j'étais invitée à me rendre au bureau à vingt heures. Je ne posai pas de question et je me présentai, ponctuelle, au rendez-vous.

Je fus introduite dans une salle où, selon la nouvelle coutume, un groupe de gens était installé à travailler autour d'une même table. Il y avait là Mi, Mân, Saê, Pin, Roeth, Khon, toute la section des affaires générales et de l'information, au grand complet.

Je m'assis et Saê prit la parole :

— Mes respects à tous les aînés ici présents ! Je déclare la réunion ouverte. Nous entendrons ce soir la camarade Phâl faire sa « confession révolutionnaire profonde ».

C'était donc cela ! pensai-je. Prise au dépourvu et vexée d'être tombée dans un piège aussi grossier, je souris pour cacher mon désarroi et gagner du temps. Puis je me jetai à l'eau, jouant la carte de la sincérité. Je déclarai que, fille d'ouvrier, je connaissais les difficultés de la vie des exploités et que je partageais de tout cœur les efforts du peuple khmer. Je soulignai brièvement que j'avais appris beaucoup de choses en peu de temps et que je faisais de mon mieux pour me « structurer ». Je mentionnai enfin mon désir de devenir modeste, selon la volonté d'Angkar. Puis, avec un grand sourire, j'annonçai que c'était fini !

Je n'avais pas parlé longtemps. Je n'avais pas le bagout des autres qui, de redondance en redondance, étaient capables de s'étaler pendant des heures.

A vrai dire, j'étais loin d'en avoir fini ! Chacun à son tour prit la parole et, sur un thème différent, développa un long topo à mon sujet.

— Tu es née et tu as grandi dans un pays qui a exploité et massacré notre peuple pendant un siècle. Tu es, par ta nature même, colonialiste !

— Tu as fait partie du monde ouvrier français. Le mouvement ouvrier français est totalement dépendant de l'U.R.S.S. Tu as donc des tendances révisionnistes...

— Tu as admiré et soutenu la guerre de résistance du Viêtnam alors que les Vietnamiens nous donnaient des coups de poignard dans le dos...

— Tu aimes la Chine et tu ne le caches pas. Mais la Chine n'est pas une véritable amie, elle veut nous coloniser...

— Tu penses trop à ta mère. Tu ne vois pas la mauvaise influence qu'elle exerce sur toi...

— Tu penses trop à tes enfants. Tu ne vois pas le mal que tu leur causes.

Quand tout le monde eut terminé on me donna la parole, mais je ne me défendis pas. La séance avait duré deux heures trente.

Je retournai dans ma chambre avec un fort mal de tête. Le lendemain j'eus de la fièvre. J'allai néanmoins au bureau, comme chaque jour, porter mes traductions. Je surpris des regards en biais. On observait les résultats de la séance. Je tournai en rond toute la journée, perdue dans mes pensées. Comment devenir ce qu'ils voulaient que je fusse sans me perdre ? On pouvait tout me prendre mais je ne pouvais ni renier ma mère ni abandonner mes filles ! Angkar exigeait que je cesse de m'appartenir. S'appartenir, c'est cela être contre-révolutionnaire !

« Il faut battre le fer pendant qu'il est chaud », aimait-on dire à propos des « nouveaux ». Une semaine après je repassai sur la sellette. Je n'avais rien de nouveau à dire mais l'assemblée, elle, avait encore beaucoup à m'apprendre. Suivant le même scénario, chacun reprit la parole :

— La camarade Phâl fait des efforts mais elle se comporte toujours comme les gens de sa race. Nous avons chassé les Français mais ils convoitent toujours notre pays. Dans sa manière d'être, dans sa façon de parler, de marcher, de s'asseoir, la camarade reste française...

— Ce n'est pas de ma faute, interrompis-je, si par ma constitution physique je ne puis pas m'asseoir à croupetons.

— Tu réponds n'importe quoi, n'importe quand, n'importe comment, me répliqua-t-on. Cela aussi est typiquement de ta race. Nos femmes sont modestes. Elles écoutent modestement, sans rien dire. Elles agissent comme on leur dit de faire.

— Tu arranges toujours les choses à ta façon, tu ne tiens pas compte de nos opinions et de nos observations. Tu prétends que bonnet blanc et blanc bonnet sont la même chose. Mais ce n'est pas la même chose ! Nous te mettons en garde contre ton obstination contre-révolutionnaire...

— En France on tient beaucoup à sa personnalité. Plus on a de personnalité et mieux ça vaut. Cette personnalité qu'on a formée chez la camarade Phâl depuis sa plus tendre enfance est une carapace dure. Pour s'en débarrasser, elle aura beaucoup de difficultés. Ce sera une véritable opération chirurgicale qu'elle devra mener sur elle-même, une opération très douloureuse...

Pour finir Sikoeun prit la parole pendant une vingtaine de minutes. Il me fit procès de tout. De ma mère à qui je tenais trop et de mes enfants dont la couleur de peau marquait déjà bien trop l'origine impérialiste. Il parla longuement de choses du passé et évoqua de petits détails que j'avais oubliés. Il me reprocha ma façon de travailler et le peu d'attention que je portais aux corrections que l'on faisait de mes traductions.

Puis il fit part de ses soupçons, disant que je pouvais appartenir à un ou plusieurs réseaux d'espionnage étrangers.

— Les étrangers sont patients, conclut-il. Ils infiltrent des éléments qui se la coulent douce pendant un certain temps, avant de réaliser un gros coup. Si la camarade Phâl n'avait pas la nostalgie de son passé, elle ne ferait pas tant de fautes de frappe quand elle dactylographie ses traductions !

Je me pinçai pour ne pas pleurer.

La séance s'acheva très tard. En sortant du bureau, je regardai le ciel, la lune et les étoiles qui brillaient dans la nuit fraîche. Je respirai. Dans la maison des enfants, une lumière veillait. Le coq se mit à chanter, déjà ou encore...

Je respirai profondément l'immensité du ciel et je me revis, petite fille, faire de même en disant : « Quand je serai grande, je voyagerai. Je verrai d'autres horizons... »

7

A la mi-septembre, les bureaux furent parcourus d'une certaine animation. A l'étage supérieur, un groupe de jeunes gens travaillait dans l'isolement. Je fus bientôt invitée à aller leur donner un coup de main.

Je les trouvai occupés à la confection de banderoles. Des filles accroupies collaient avec de la bouillie de riz des caractères de carton : « Vive le parti communiste du Kampuchéa ».

Je fus surprise car, jusqu'alors, la fête du parti avait été célébrée en comité restreint.

Nous collâmes des banderoles plusieurs jours de suite, jusqu'à des heures très matinales. La dernière nuit, Hong apporta du pain, des fruits, du café et du lait. Les jeunes prirent du café pour la première fois de leur vie. Le breuvage était très fort. Une heure plus tard, ils étaient tous allongés, palpitants, en train de se faire récriproquement des frottis avec du baume du tigre.

Puis chaque groupe fut informé officiellement que la fête du parti serait, cette année, célébrée ouvertement. Ce devait être un événement considérable, de retentissement international. En effet, la révolution khmère n'avait qu'un précédent : la révolution d'Octobre !

Tout le monde devait être associé aux festivités et, dans cette perspective, chacun était invité à apprendre l'« Internationale ». Le texte en fut dactylographié au bureau puis diffusé dans toutes les équipes. Et bientôt, de partout, du matin au soir on entendit résonner le chant à tous les échos, ce qui suscitait une émotion d'autant plus profonde que nos corps mal nourris anticipaient la perspective du banquet...

Des camions se succédèrent, apportant des victuailles de toutes sortes : du riz, du manioc, de la boisson à l'orange, de la viande. L'atmosphère s'échauffait et les esprits s'animaient. Pendant les festivités, la nourriture fut copieuse. Tout le monde avait une mine épanouie. Il n'en fallait pas tant pour faire oublier le passé. On croyait voir enfin le bout du tunnel.

Nous fûmes conviés à une représentation du théâtre Bassac, un théâtre lyrique de style traditionnel. C'était la première représentation depuis la Libération. La radio avait rapporté que des délégations de diverses parties du pays venaient y assister. La séance eut lieu à neuf heures du matin. Nous nous levâmes avant le jour et nous partîmes en rang, jusqu'au lieu de la représentation. En arrivant, nous fûmes fouillés soigneusement : les femmes d'un côté, les hommes de l'autre. « Trop souvent, pendant la guerre, des spectateurs envoûtés par l'action avaient tiré sur les acteurs... » nous dit-on pour expliquer cette mesure.

Le jeu des acteurs était bon, les décors bien faits, les voix travaillées, les chants magnifiques. Ce fut un beau spectacle !

Le banquet apporta à nos organismes sous-alimentés une sensation de bien-être et de plénitude et suscita un sentiment de reconnaissance envers les généreux donateurs.

Angkar utilisait la faim comme une arme. Sur les chantiers, les jeunes recevaient une ration de nourriture par journée de travail, mais, s'ils tombaient malades, ils ne recevaient plus qu'un peu de bouillon clair, ce qui les incitait à travailler jusqu'à l'épuisement.

De temps en temps, à l'occasion d'un travail plus pénible, était organisée une distribution de bouillon sucré, dont l'effet non seulement physique mais psychologique était considérable sur les corps affaiblis.

La faim hantait toutes les pensées, mais on se culpabilisait de le reconnaître, même intimement.

Nos corps furent donc reconnaissants envers Angkar, qu'il fallait dorénavant appeler le parti. Sa ligne politique était juste et clairvoyante. Il fallait le dire et y croire fermement. Nous le pensions et nous le disions.

C'est à cette époque que je fus officiellement introduite dans les bureaux.

— Le parti avait décidé depuis longtemps de te faire travailler dans les bureaux, me dit Saê, mais Sikoeun s'y opposait.

Je m'installai avec Mân et Roeth dans un bureau voisin de celui de Sikoeun, où se trouvaient installées les machines à écrire et la ronéo. On y recevait maintenant directement, chaque jour, la transcription des émissions de radio. Aussi pouvions-nous rapidement taper, ronéoter et expédier le bulletin quotidien. Pour l'étranger, l'expédition avait lieu une fois par semaine, par l'avion du samedi. L'ambassade de Pékin se chargeait de la réexpédition.

Les réunions de critique se poursuivaient intensément, au rythme de deux soirées par semaine.

Il apparaissait, lors de ces séances, que le passé de chacun, loin d'être une tapisserie aux motifs complexes, pouvait être ramené à une ligne droite allant soit dans le sens du service du parti, soit dans le sens de la trahison.

Les faits les plus anodins — or notre vie monotone était tissée de faits anodins — revêtaient une valeur hautement politique. Un manque de rapidité dans l'exécution d'une tâche manifestait une volonté de sabotage. Le zèle, quant à lui, était un signe indubitable d'une convoitise pour le pouvoir !

Les pensées avaient autant de valeur que les actes. Pour être dans la bonne voie il fallait s'imprégner des conceptions du parti de telle façon qu'à chaque instant l'esprit soit mobilisé à son service, sans hésitation, sans perte de temps, comme une machine.

— Sur le plan de la discipline, j'ai des insuffisances, entendait-on dire. Je n'ai pas écouté les émissions de radio avec toute la concentration requise. (L'écoute de la radio était devenue obligatoire. Chacun était tenu d'y porter la plus vive attention afin de pouvoir ensuite commenter les émissions.)

Ou encore :

— J'ai fait pipi hors du tonnelet à engrais..

Les aînés dirigeaient les « confessions » de main de maître. Ils amorçaient le mouvement, puis le laissaient se développer n'intervenant que pour exiger un supplément de sincérité, s'ils jugeaient que le propos se transformait en rengaine. Le choix des « intervenants » n'était pas fixé d'avance. Les aînés décidaient au coup par coup qui passerait sur la sellette. Ceux qui « évoluaient bien » étaient laissés tranquilles. On s'attachait plus particulièrement à ceux qui « tournaient mal ».

Roeth, par exemple, fut passé au crible fin. Ses anciens compagnons avaient été arrêtés, on pouvait donc s'interroger sur son innocence...

A l'écoute du récit de ses faits et gestes, on chercha la faille. Chacun de ses propos fut analysé et psychanalysé. Chacun de ses « actes manqués » fut soumis à une interprétation. Un bulletin mal agrafé, un stencil mal tiré devenaient les indices, voire les preuves, d'une conspiration secrète...

Débrouillard, bricoleur, Roeth savait faire un peu tout, mais rien vraiment bien. Il était sollicité pour tous les menus travaux, de l'électricité à la mécanique, en passant par l'ébénisterie. Il était exploité et méprisé.

De remarques en remontrances, il se vit soumis à une critique continuelle, ce qui augmenta son anxiété et provoqua en retour une accumulation des insuffisances.

Il fut bientôt accusé d'avoir été au service du KGB et des Vietnamiens réunis. Poussé dans ses derniers retranchements, Roeth craqua. Il se mit à pleurer, ce qui eut pour effet d'aviver les critiques : quand on a la conscience tranquille, on ne se laisse pas émouvoir !

Roeth avoua : entraîné par un camarade, il avait coupé une canne à sucre pour la manger en cachette...

Crime économique !

Il avoua également qu'il aurait aimé se marier...

Pensées corrompues !

Mais il ajouta qu'il voulait servir le parti de toute son énergie et se confier à lui totalement, corps et âme. Le parti lui fit grâce et le laissa bientôt tranquille.

Roeth soulagé reprit son travail avec une célérité et une

attention accrues. Le parti l'informa alors qu'il allait organiser son mariage avec une jeune fille qu'il avait connue longtemps auparavant.

Les choses furent bien faites. Une petite villa fut nettoyée, précisément celle où s'était mariée Moch. Des sucreries y furent apportées, ainsi que des fruits. Le soir très tard des invités désignés s'y rendirent. On refusa modestement la nourriture. On parla peu. L'ambiance était gênée. Puis chacun repartit de son côté. Le couple se vit attribuer deux jours de repos. C'était la première fois que pareille faveur était accordée. Mais le lendemain, à cinq heures, Roeth arrosait les légumes. Il resta ensuite au bureau jusqu'à vingt-deux heures. Personne ne lui reprocha son zèle. Il était de rigueur !

*

Un matin, venant aider à la cuisine, je trouvai les femmes en émoi. La manne de maïs apportée la veille avait disparu ! Certaines de l'avoir posée sur l'estrade, elles s'interrogeaient sur cette disparition insolite. Puis, remarquant que la porte avait été forcée elles firent des suppositions :

— Ce ne peut être que les garçons, pendant leur tour de garde de nuit...

Or, deux jours plus tard, un gars de l'équipe chargée d'enduire les terrasses de caoutchouc pour éviter les fuites se pointa à la cuisine et demanda ce que faisait une manne de maïs sur un toit d'immeuble ! Il était à la fois étonné et amusé.

Les femmes sursautèrent : c'était la manne perdue !

Deux couples seulement, dont les hommes étaient au bureau, vivaient dans l'immeuble. Ils furent amenés à faire leur autocritique. Ignorant la découverte, ils firent leurs exposés comme à l'habitude. Puis, alors que la séance aurait dû être levée, le président laissa le silence durer un long moment avant de demander :

— Vous n'avez jamais eu envie de manger du maïs ?

L'un des hommes rougit puis déclara gêné :

— En voyant le maïs mûrir dans le potager, j'ai été tenté d'en faire griller un épi...

— Et alors ?

— Une fois, j'en ai cueilli un pour le faire griller et le manger...

L'homme était de plus en plus gêné. A cinquante ans, avouer une faiblesse de ce genre devant une dizaine de personnes est bien inconfortable !

— Bon ! Et la manne de maïs, que pensiez-vous en faire ?

Les deux couples furent rétrogradés de leurs fonctions...

Dès lors, leur position dans la communauté devint intenable. On les montrait du doigt, on ne leur adressait plus la parole.

Un jour enfin, ils furent informés de la miséricorde du parti : ils s'en iraient le lendemain à la campagne rejoindre leurs enfants, pour quelques jours...

Une semaine plus tard, ils n'étaient toujours pas revenus. A la cuisine, on savait déjà...

— Fallait-il qu'ils aient eu faim pour boire autant d'eau ! entendit-on dire. Fallait-il qu'ils soient traîtres pour avoir si faim !

*

Avec la saison sèche, la brise du nord-ouest se remit à souffler et les travaux reprirent de plus belle dans le potager.

A l'instar des paysans des coopératives, nous produisions nos engrais. C'est ainsi qu'à la première heure, je descendais de chez moi un seau d'urine à la main.

En montant dans les bureaux, on était saisi à la gorge pai l'odeur d'ammoniac naturel. Les hommes faisaient en effet dans un tonnelet. Le temps que le tonnelet fût plein, les premières urines se décomposaient. On imagine le parfum !

Les gens de bureau en étaient très fiers. Ieng Sary, lui-même, ne manquait jamais une occasion d'y porter sa contribution. Tout cela était, paraît-il, excellent pour le moral révolutionnaire !

J'aimais arriver la première, le matin, au potager. J'allumais les grands néons. C'était si beau ! J'éprouvais une grandiose sensation de liberté.

J'aimais particulièrement le moment où le ciel rougit et où

la lutte s'engage entre le rouge et le noir. Le rouge finit par chasser le noir tout en disparaissant lui-même dans la lumière.

Au moment où la clarté triomphe, instant sublime entre tous, les bananiers agitent leurs palmes et les cannes à sucre se mettent à crisser. La terre salue la lumière. C'est le chant éternel et joyeux du recommencement de la vie

*

L'année s'acheva alors que nous parvenaient les premières rumeurs que des combats faisaient rage, à la frontière, contre les Vietnamiens. C'est dans la cuisine, où l'on pilait le sel en prévision des prochains arrivages de poisson, que j'appris la nouvelle. On y rapportait les combats avec force détails. On disait que l'hôpital était bondé de blessés. Pourtant, pas plus à la radio que dans les couloirs du ministère, on n'avait fait jusque-là mention de cette situation.

Le jour de l'an, comme j'arrivais au bureau, j'appris que tout le monde avait veillé pour assurer le tirage d'un document exceptionnel. On mettait la dernière main à l'expédition d'un carton de lettres et de documents. La voiture attendait pour l'emporter et le mettre dans l'avion qui devait décoller incessamment. Par la porte entrouverte, je vis Sikoeun se lever en chancelant de devant une machine à écrire. Des déchets de canne à sucre jonchaient le sol. Il venait de travailler deux jours et deux nuits d'affilée !

Une fois le carton emporté, on me donna connaissance du document avec beaucoup de fierté. Quand la presse internationale en prendrait connaissance, disait-on, elle serait étonnée ! Ce document était une déclaration faisant état de l'agression vietnamienne. Le parti proclamait la rupture des relations diplomatiques.

— On les a eus les premiers ! disait-on. En apprenant la nouvelle le monde entier va sursauter !

Tout le monde était sur le pied de guerre. Quelques heures plus tard, on apprit officiellement que des combats se déroulaient en profondeur sur le territoire cambodgien. Le lendemain, on sut que nos troupes avaient infligé de lourdes pertes à l'ennemi.

La propagande se développa. Des réunions furent organisées au cours desquelles chacun était exhorté à « dénoncer avec véhémence les crimes commis par l'ennemi ». Il fallait « casser du Viet ».

Alors que sur le front la bataille faisait rage, à Phnom Penh la pêche battait son plein. Des camions nous apportèrent d'énormes cargaisons de poissons. Tout le monde fut mobilisé pour préparer la saumure, dans une ambiance active et enthousiaste. Le soir, on mangeait des galettes de poisson frit, les « prahit ».

Puis un matin, nous fûmes surpris par un bruit inhabituel qui allait s'amplifiant. De fortes vibrations faisaient trembler l'immeuble et nous vîmes bientôt passer sur le boulevard trois gros blindés.

Une réunion d'information s'ensuivit où l'on apprit que les chars d'assaut revenaient du front après avoir battu à plate couture les Vietnamiens.

Victoire historique ! Victoire totale ! Tout était victoire. Grâce à la ligne clairvoyante du parti, les combats s'étaient achevés avant que nous ayons eu le temps de dire ouf ! On nous annonça que la ration journalière de riz serait augmentée et que deux plats seraient dorénavant servis à chaque repas. Les cris de victoire s'amplifièrent. « Cependant, ne manquait-on pas de dire, le pire ennemi reste l'ennemi intérieur. »

Et la chasse aux sorcières reprit de plus belle...

Dans les hôpitaux, la situation n'était pas brillante et la victoire n'était pas claironnée de la même façon. Les blessés étaient nombreux. Des appels furent lancés pour donner du sang. Les jeunes se proposèrent en masse mais l'expérience ne dura pas, à l'étonnement général. On apprit bientôt que le personnel médical chargé des transfusions était tragiquement incompétent. Nouvellement recruté et formé sur le tas, après l'élimination du premier contingent de médecins révolutionnaires, il avait multiplié les erreurs et provoqué des morts inutiles.

Le personnel diplomatique en poste au Viêt-nam fut bientôt de retour. Chheang et Touch, l'ambassadeur et l'ambassadrice, se montrèrent surpris des transformations qui avaient affecté la vie quotidienne à B1 et étonnés par les développements du régime collectiviste depuis leur départ dix-huit mois plus tôt. Quoique rompus à la vie de maquis et de guerre, ils étaient dépassés par la force et l'ampleur de ce mouvement.

Ils ignoraient tout des épurations et la nouvelle leur fit un grand choc. De jour en jour, ils changèrent d'allure et de comportement. L'air satisfait et triomphant qu'ils exhibaient à leur arrivée fit place à l'incompréhension puis à l'inquiétude. Un après-midi, à la cuisine, Touch m'adressa la parole. Je ne compris pas ce qu'elle voulait me dire mais je fus frappée par les accents de sa voix. Elle avait des sanglots dans la gorge.

Le soir même, ils avaient disparu. En réunion, on déclara qu'ils étaient responsables et complices de l'agression perpétrée par le Viêt-nam et des milliers de morts et des destructions commises.

*

En ce début d'année, B1 accueillit un fort contingent d'enfants des campagnes. Maigres et démunis de tout bagage, ils allaient nu-pieds. Ils n'avaient jamais vu la ville. Ils ne savaient pas à quoi servent les robinets ni les boutons électriques.

Le parti les habilla de neuf et les envoya à l'école.

Des manuels furent édités (un livre de géographie, puis un livre de lecture), des emplois du temps et des programmes furent établis. Trois personnes furent attachées à plein temps à leur formation.

Les progrès furent, dit-on, très rapides, malgré le faible niveau de connaissance des enfants, habitués à une vie très simple. En plus de leur scolarisation, les enfants furent soumis à un gros travail idéologique. Ils apprirent rapidement la phraséologie du parti, de sorte qu'ils purent bientôt tenir des discours savants et percutants, à l'instar des « aînés ».

On leur expliqua que la première génération de cadres

avait trahi et que la deuxième valait guère mieux. Ainsi seraient-ils appelés à prendre très vite la relève. Les « innocents » devinrent de jeunes loups. Ils jugèrent sans ménagement leurs « oncles » et « tantes » et les traitèrent sans respect, allant jusqu'à manger dans leurs assiettes. Ils avaient faim ! disaient-ils.

C'est parmi cette nouvelle génération qu'apparurent les enfants médecins. Elles étaient six fillettes de neuf à treize ans. Elles savaient à peine lire, mais le parti leur avait confié à chacune une boîte de seringues. Elles étaient chargées de faire les piqûres.

— Nos enfants médecins, entendait-on dire, sont issus de la paysannerie. Ils sont prêts à servir leur classe. Ils sont remarquablement intelligents. Dites leur que la boîte rouge contient des vitamines, ils s'en souviendront ! Montrez leur comment on stérilise une seringue et ils sauront le refaire !

Ces enfants étaient purs, incontestablement, mais c'était sans compter l'ivresse que procure le savoir-faire une piqûre ! Très vite les enfants médecins se montrèrent d'une arrogance et d'une insolence sans précédent.

*

Au fur et à mesure de l'augmentation des effectifs, on avait étendu la cantine aux deux salles des fêtes, mais il arriva un moment où il fallut restructurer également la cuisine.

La nouvelle cuisine fut construite et organisée à l'échelle de la collectivité. Plusieurs foyers furent aménagés sur un grand plan et pourvus de chaudrons encastrés de type industriel. La chauffe s'effectuait de l'extérieur. Une personne en était chargée. Le travail était dur et le spectacle impressionnant : on brûlait carrément des troncs d'arbres.

Pour la cuisson du riz, il fut adopté un système de huit plateaux superposés. Chaque plateau mesurait un mètre de diamètre et pouvait recevoir cinq kilos de riz. Une cloche de plus d'un mètre cinquante de hauteur, fixée au plafond par un système de poulie, venait se poser sur la colonne. On pouvait ainsi faire cuire une quarantaine de kilos de riz en une seule fois.

Le riz servi à table était chaud, c'était fort appréciable !

J'aimais follement le moment où la cloche descendait et remontait. La poulie grinçait, la vapeur s'échappait. On se serait cru dans une petite usine.

Un système était à l'étude qui devait permettre d'obtenir à tous moments de l'eau bouillie, que l'hygiène, strictement respectée, imposait comme seule boisson. La règle était efficace, les fièvres devenaient de plus en plus rares.

Cette cuisine-usine était une petite merveille, mais je regrettai bientôt l'ancien temps où l'atmosphère de travail était plus détendue.

Fin janvier, une nouvelle série de séminaires fut ouverte. J'y fus invitée de plein droit mais je ne m'en réjouis pas, contrairement à ce qui se serait produit deux ans et demi plus tôt. Je ne désirais plus me voir intégrée au troupeau.

Le séminaire se tint dans une grande salle du ministère, proche des salons où se déroulaient des pourparlers avec une délégation thaïlandaise. Il fut demandé aux participants de se déplacer dans le plus grand calme, ce qui était une occasion de renforcer la discipline.

Au cours de son exposé, Ieng Sary affirma que les affaires intérieures étaient maintenant bien propres. Tous les réseaux d'espionnage avaient été décapités. Détendu et souriant, il annonça que le régime alimentaire allait s'améliorer. Dorénavant, les femmes enceintes et celles qui allaitaient auraient droit à un petit déjeuner préparé avec les restes de la veille.

Le séminaire se conclut, comme chaque fois, par des confessions publiques suivies de critiques et de débats.

Puis, un après-midi, Ieng Sary vint rendre visite aux travailleurs du potager. Précédé de son garde du corps, il s'amena à grands pas jusqu'à la limite de la terre mouillée. J'étais alors dans le fond en train d'arroser les cannes à sucre, quand je l'entendis déclarer très fort :

— Les Chinois ont eu Norman Béthune. Nous, nous avons tante Phâl !

Tout le monde se sentit obligé de rire. Moi, je restai interdite. Ce n'était pas la première fois qu'on me comparait à ce personnage, mais, après de longs mois de brimades et d'humiliations, je ne sus ce que je devais en penser.

Sur le chemin de la cantine, Sikoeun et les autres me complimentèrent. Je souris et me déclarai indigne de tant d'honneur. Je n'aimais pas les critiques mais je me méfiais encore plus de ce genre de compliment. Que faire ? Si je voulais survivre et garder un espoir d'échapper un jour à ce guêpier, il me fallait, au risque de me perdre, suivre la direction imposée.

*

Avec le mois de mars, les chaleurs revinrent, toujours aussi éprouvantes. La vie végétale, une fois de plus, marqua une pause. La vie industrielle, quant à elle, se développait. On le voyait au trafic routier qui s'intensifiait sur le boulevard et aux nombreux trains qui arrivaient, chargés de latex à l'odeur tenace.

C'était le printemps de Phnom Penh.

Ce fut pour Sikoeun et moi la saison des retrouvailles. Nous nous rejoignîmes dans un amour neuf dont la force et la joie étaient à la mesure des épreuves que nous venions de vivre, deux années durant.

Notre survie commune avait tenue à peu de chose !

Notre amour nous donnait confiance dans l'avenir. Nous nous sentions forts pour franchir les obstacles qui viendraient dorénavant se dresser sur notre route. Dans la joie de ce printemps, j'oubliai les souffrances du passé. Nous sortions d'un enfer où tant de nos proches étaient restés engloutis. Nous vivions notre bonheur comme on boit de l'eau fraîche après la traversée du désert.

Aux filles qui demandaient : « Maman, pourquoi ne venais-tu pas nous chercher quand Noeun nous bâillonnait et nous battait dans le cabinet secret ? », je n'avais malheureusement rien d'autre à répondre que :

— Tout cela est fini, demain chantera !

A vrai dire, nous ne savions pas de quoi demain serait fait...

8

A l'approche du troisième anniversaire de la libération de Phnom Penh, Ieng Sary invita le corps diplomatique à la projection d'un film sur la situation générale au Cambodge. B1 fut réquisitionnée pour remplir la salle et applaudir. Je fus mise en garde de ne pas me laisser voir et de me ranger au fond. J'étais très contente de sortir pour une fois de l'enclos du ministère.

Le film montrait combien la vie au Kampuchéa démocratique était devenue belle. Les dirigeants étaient près du peuple. On les voyait tous, en effet, présents dans les différentes bases, en rang comme à la parade, suivant l'ordre hiérarchique.

Une fois la projection terminée, nous nous apprêtions à sortir en bon ordre, quand la cabine de projection annonça qu'elle venait de recevoir le film tourné par l'équipe de journalistes yougoslaves venus en visite au début de la saison sèche de 1977. La bande sonore manquant, nous vîmes défiler une succession d'images qui présentaient une réalité incontestablement différente de la version officielle. La terreur qui transpirait des scènes tournées dans les zones rurales se transmit à l'assemblée des spectateurs, conscients des conséquences que ne manquerait pas d'avoir un tel incident diplomatique.

Les projectionnistes furent immédiatement arrêtés et accusés d'appartenir au réseau de la CIA.

Je me demandai ce que Sikoeun allait devenir, car il avait

accompagné l'équipe de tournage dans tous ses déplacements.

*

Pour la fête nationale, le séminaire habituellement organisé en trois cycles fut réduit à un seul cycle. Le numéro deux, Ieng Sary, avait beaucoup de travail et trop de soucis.

J'y fus invitée pour une matinée. A l'ouverture on chanta l'hymne national et l'Internationale. Puis Ieng Sary parla avec gravité du mouvement d'épuration. Ce mouvement qu'on croyait terminé, qu'on aurait aimé voir terminé, se poursuivait. Les étrangers avaient miné tout l'Etat, déclara Ieng Sary. Deux nouveaux réseaux venaient d'être démantelés. Le premier était dirigé par Van Piny. Saisissant un dossier broché posé devant lui, Ieng Sary s'exclama :

— Ses aveux sont là !

Ieng Sary donna ensuite de nombreux détails sur Van Piny. Agent de la CIA depuis sa jeunesse, il avait gravi patiemment de nombreux échelons pour devenir le chef d'un réseau important... Entre autres choses, il avait avoué avoir gaspillé une cinquantaine de noix de coco.

— Cinquante noix de coco ! répéta Ieng Sary d'un air offusqué. C'est du sabotage économique !

Puis il marqua une pause. Sur le coin de la table, il y avait encore un dossier du même genre. J'attendais la suite.

Se composant alors une mine encore plus grave, il poursuivit :

— Nous avons démantelé victorieusement un autre réseau, beaucoup plus important. Le document que vous voyez — il tendit le deuxième dossier — comprend cent cinquante pages écrites à la main. Ce sont des aveux. Celui qui les a écrits nous a tous trompés ! Il était le chef d'un réseau de cent cinquante personnes, un réseau de la CIA constitué d'abord à Phnom Penh, puis en France. Cet homme qui passait pour un patriote et un révolutionnaire avait gagné la confiance des aînés. Mais c'était pour mieux trahir ! Cet homme, c'est Leang Sirivouth !

Sirivouth ! Mon cousin ! Je sentis les regards se fixer sur moi. Je ne pouvais y croire. S'il m'avait été souvent difficile de porter crédit aux accusations portées contre d'autres personnes qui m'avaient été proches, pour Sirivouth, c'était exclu !

Je savais que Sirivouth avait subi la peine de mort, je dus néanmoins rester impassible.

La réunion se poursuivit. Ieng Sary assura qu'après ces dernières arrestations, il ne restait plus qu'un traître, haut placé. En l'écoutant, on se disait que, puisqu'il le connaissait, il allait faire le nécessaire et mettre un point final à ces épurations qui donnaient la nausée. Il était temps de passer aux choses concrètes. Au moment où des troupes se massaient à la frontière, n'y avait-il pas mieux à faire ?

Ieng Sary poursuivit :

— Le dernier traître, c'est à vous de le trouver ! Rehaussez votre vigilance révolutionnaire et dénoncez-le !

Et les gens se mirent à dénoncer des choses et d'autres. Un gars se leva pour clamer que l'équipe qui travaillait à la projection des films était une équipe de traîtres. Il l'avait remarqué depuis longtemps ! Un autre renchérit. Puis ce fut le tour de la jeune épouse d'un projectionniste qui, rouge de timidité, prit la parole. Elle déclara qu'elle ne reconnaissait plus le père de son enfant, « ce traître qui l'avait trompée en trahissant le parti ».

Puis Choeun intervint pour soutenir la position courageuse de la camarade et se porter garante que l'enfant serait élevé selon les meilleurs principes et qu'il deviendrait un solide défenseur de la patrie et de la révolution.

La salle commençait à bouillir. Ieng Sary reprit alors la parole :

— Qu'on ne juge pas ceux qui ne sont pas encore jugés !

L'assemblée redevint muette. Chacun comprit qu'il fallait diriger ailleurs les feux de la critique. Après un long moment, quelqu'un se leva et fit une description sévère de la situation qui régnait dans un camp de travail manuel de la banlieue dirigé par Phoeum, le mari de Nane, et Xean, le mari de Sonn, tous deux cadres de la génération de Ieng Sary. Il prétendit que le travail manuel était trop long et le travail idéologique insuffisant. Un autre enfin prit la parole pour raconter que les canards du camp étaient morts après avoir été nourris de fretin empoisonné. (C'était l'histoire des lapins qui recommençait !) Plusieurs personnes encore firent des interventions, puis Phoeum se leva pour prendre la parole. Il parla assez longtemps, il était sur la défensive, ce qui n'était pas du meilleur augure. Les accusations reprirent et la séance tira ainsi jusqu'à l'heure du banquet.

Les festivités durèrent trois jours. Derrière la douceur du printemps de Phnom Penh, la tempête des épurations faisait rage. On éliminait de plus belle !

Vén fut embarquée avec ses deux filles, puis ce fut le tour de Yane, enceinte de sept mois, et de Doun, son mari, ainsi que des jeunes instituteurs.

On apprit également l'élimination de plusieurs dirigeants de province. Sans nouvelle, par ailleurs, des combattants et petits cadres « placés en rééducation », on ne pouvait que craindre pour eux le pire. Les chauffeurs qui sillonnaient le pays ne les avaient vus nulle part.

Trois ans après la Libération, il fallut tout recommencer. Tout était à réorganiser à nouveau.

Priorité fut donnée à la réouverture de l'école. Ieng Sary fit venir un certain Voeun, ressortissant d'une minorité nationale affecté au comité central du parti pour diriger tout le jeune monde. Il fixa pour objectif l'enseignement des principales langues internationales. Il voulait former un contingent d'interprètes et de traducteurs sûrs.

Plusieurs adultes furent appelés d'un camp voisin pour servir de professeurs. Pin fut désigné pour enseigner l'anglais, et Bunreth le thaï. Je fus chargée du français, de l'espagnol et de la dactylographie.

Cette nomination fut loin de m'enchanter. J'étais assez ancienne à B1 pour savoir que plus on se situait haut, plus facilement on était abattu. Saê eut beau me dire :

— Le parti témoigne d'une grande confiance en toi. S'il avait craint que tes pensées et tes conceptions puissent faire une ombre sur l'esprit pur des enfants, il ne t'aurait pas donné cette responsabilité. Tu dois être reconnaissante de l'honneur qui t'est ainsi fait...

En tout cas, je n'avais pas le choix et je préparais du mieux que je pus des livrets pour enseigner les langues et la dactylographie selon des méthodes qui me semblaient appropriées.

Les cours s'ajoutant aux traductions et travaux de frappe habituels, j'avais ainsi une somme de travail gigantesque à assurer. Le parti, je le sentais, me mettait au défi de réussir.

Avec ma nouvelle charge d'enseignement, ma journée de travail s'était alourdie. A cinq heures, j'étais au potager. A six heures, je commençais mes trois heures de cours. A neuf heures, j'étais au bureau pour le reste de la journée.

De six heures du matin à minuit, j'étais tous les jours à la tâche. Pour dix-sept heures de travail, je gagnais deux maigres pitances.

Je remarquai à cette époque une fleur rose, épanouie comme une fleur de lotus, au sommet d'un tronc d'arbre, qui exhalait un parfum subtil. Le matin, l'espace de quelques minutes, je m'arrêtais devant elle et je respirais profondément.

Comme j'aurais voulu être fleur !

Tous les matins, avant de commencer le premier cours, il fallait chanter l'hymne national et l'Internationale. Je me mettais debout, le dos tourné à ma classe, et on chantait, le bras le long du corps pour l'hymne national, et le poing levé pour l'autre.

J'avais mauvaise conscience de me soumettre à ce rituel et de l'imposer aux enfants. Il me faisait peur au point que je devais me surveiller pour ne pas faire en même temps un signe de croix ou une génuflexion, comme à l'église quand j'étais petite.

Le travail idéologique fut mené intensément chez les jeunes élèves. L'enseignement était organisé autour du parti et de la reconnaissance que chacun lui devait. Les élèves avaient de neuf à douze ans. C'était la première fois qu'ils allaient à l'école. Le critère de leur sélection n'était pas connu. Certaines fillettes pleuraient et réclamaient leur mère.

— Certains pleurent leur mère, disait-on, mais leur mère peut-elle leur donner ce que le parti leur donne ?

— Non ! répondait alors d'un seul cri l'assemblée des enfants.

Parallèlement à la réouverture des écoles, on procéda à de vastes réorganisations. L'hôpital fut doté d'une maternité et les femmes enceintes ou en couches eurent droit à un traitement de faveur.

Le parti voulait beaucoup d'enfants. Il multiplia les mariages qui furent célébrés par dix, vingt ou trente couples, au rythme d'une fournée par mois.

Choeun en tenait le registre ainsi que le cahier des menstruations. Les choses allaient vite. Les gens posaient leur candidature, le parti formait les couples. Dans les heures qui suivaient, tout était terminé.

Pour ceux qui travaillaient dans des unités différentes, le temps du mariage ne durait pas. Les mariages étaient arrangés pour tomber précisément durant la période fécondable. Il n'y avait pas de place pour la poésie ni pour le sentiment. Une fois la femme fécondée, le mari ne revenait plus.

Il y eut également de nouveaux déménagements. C'était une manie. On voulut regrouper les gens suivant leurs équipes. L'esprit de cloisonnement demeurait derrière tous les changements.

C'est ainsi qu'en sortant du bureau pour le déjeuner, j'appris un jour que j'habitais désormais tout au bout de la rangée d'immeubles. Les opérations s'étaient déroulées hors de notre présence, sous la direction de Choeun qui avait un compte à régler avec les gens des bureaux.

Tous les matins, j'allais boire à la source de la vraie joie : en me rendant à mon cours, j'avais pris l'habitude de longer le centre enfantin. Mes filles accouraient vers moi :

— Tante ! me disaient-elles, tandis que les autres enfants m'appelaient « Mère ! ».

Comble de l'invraisemblance, j'étais la tante de mes filles et la mère des autres enfants Obligés d'appeler leur mère

« tante », ils appelaient « mère » les femmes qui devaient être leurs « tantes ».

Les enfants avaient été rassemblés en trois groupes. Les tout petits étaient réunis dans une pouponnière où ils étaient soignés avec beaucoup de dévouement. Les autres étaient confiés à la responsabilité de Thi qui fit preuve d'une maîtrise exceptionnelle. Jamais on ne l'entendait gronder. Elle expliquait toute chose avec patience et les enfants buvaient ses paroles. Elle les encourageait à se prendre en main de façon responsable.

A son contact, ma fille aînée changeait beaucoup. Elle se chargeait de divers travaux comme la lessive, le séchage, le raccommodage du linge. Elle s'occupait également des plus jeunes comme une petite mère.

Je me mirais dans ma fille. Je m'inspirais de ses réflexions. Elle avait des opinions droites et nuancées sur tout.

A la mi-juin, je me sentis très lasse et m'octroyai une sorte de congé en n'allant plus à l'arrosage du matin. La saison des pluies arrivant, la main-d'œuvre des jeunes suffisait.

*

Les rats faisaient de plus en plus de dégâts dans les cultures. Ils s'attaquaient à tout : les courges, le manioc et les aubergines, la canne à sucre… Et même les lapins, les canards et les poules ! Tout passait par leurs petites dents. Leur nombre augmentait à une vitesse effarante. Un plan de lutte fut mis en œuvre.

On commença par verser de la mort-aux-rats dans les trous. En vain.

On se résolut alors à la guérilla. « La guérilla est toujours victorieuse », disaient les articles du parti. On creusa des trappes profondes. Cela prit beaucoup de temps mais ne rapporta qu'un rat par trou. Les autres évitèrent les pièges et continuèrent leurs dégâts.

Choeun, qui s'occupait de la gestion, décida l'installation d'un fil électrique autour du grand champ de canne à sucre. La première nuit, six rats s'électrocutèrent, la deuxième nuit, un seul rat se laissa prendre. Un jour suivant, en plein midi, un cheval venant à passer près du champ tendit le cou pour brouter l'herbe du bas-côté, près du jardin d'enfants. Il rua en poussant un hennissement terrible, puis s'écroula. Le gamin, qui était en charge de la bête, se précipita vers elle et hurla à son tour. Un combattant enfin comprit la situation et disjoncta le courant. Le cheval était mort, le gamin fut lui grièvement blessé.

Informé de l'affaire, Ieng Sary se limita à épiloguer longuement sur la perte du cheval.

Enfin, on posa des pièges systématiquement tous les soirs, et au bout d'un mois on était venu à bout des rats, au moins dans notre potager.

La crainte restait cependant présente qu'un jour ou l'autre les rats ne répandent dans Phnom Penh la peste ou le choléra.

*

Le séminaire de début juillet 1978 fut organisé dans un style nouveau. On s'attacha à une certaine pompe où commençait à poindre le culte de la personnalité. Les jeeps avaient été remplacées par de grosses conduites intérieures. Il était de bon ton de considérer Ieng Sary comme un héros qui avait su mener sur le front intérieur une lutte victorieuse.

La nouvelle salle consacrée aux séminaires était pourvue d'une sono, d'une vaste estrade entourée de banderoles, d'une carte du Cambodge et d'une planisphère. De puissants ventilateurs battaient l'air de leurs larges palmes dans un ronronnement assourdissant. C'était le prix du confort.

D'emblée, Ieng Sary parla du nouveau système de démocratie.

— Il ne peut y avoir de socialisme sans démocratie, dit-il. La démocratie, c'est le droit et la liberté pour chacun de parler. Nous avons remarqué que les principaux intéressés, nos frères et sœurs paysans, souvent n'osent pas prendre la parole qui leur est donnée. Et pourtant, ils ont quelque chose à dire. C'est en pensant à eux que j'ai élaboré une nouvelle méthode d'application de la démocratie...

Ieng Sary se tut et prit un air inspiré. Chacun retenait son souffle, on aurait entendu une mouche voler.

— Pour une véritable application de la démocratie, je désignerai ceux et celles qui devront dire ce qu'ils pensent S'ils refusent d'user de ce droit, ils seront expulsés immédiatement. Choeun, qu'en penses-tu ?

— Puisque le parti me donne le droit de parler, dit Choeun, je souhaite dire que le parti est grand et lumineux, que je suis fière de le servir et que je le prie de me montrer mes insuffisances pour me corriger.

Le mouvement était lancé. Toutes les interventions commencèrent sensiblement de la même façon. Je fus moi-même sollicitée et je concentrai toute mon énergie à répéter ce que j'avais entendu.

Puis Ieng Sary brossa un tableau de la situation internationale. Les impérialistes américains et français étaient des moins que rien, la Russie s'enfonçait dans un inextricable bourbier, la Chine suivait le même chemin. Le Viêt-nam était aux abois. Finalement, seul le Kampuchéa démocratique offrait à l'humanité tout entière tournée vers lui l'image d'un pays puissant et d'une révolution pure.

Evoquant ensuite le conflit frontalier avec le Viêt-nam, Ieng Sary dit :

— Si pendant leur dernière offensive les troupes vietnamiennes ont pu pénétrer si profondément dans notre territoire, c'est qu'elles bénéficiaient de complicités. Phim, le traître, l'ivrogne, était leur complice. Les Vietnamiens preparent une nouvelle offensive pour la prochaine saison sèche, mais ils se briseront les os. Maintenant que la région est épurée, nous ne risquons plus rien...

— Vive le parti juste et clairvoyant, cria l'assemblée en levant le bras.

— Engageons maintenant une course de vitesse avec les Vietnamiens, enchaîna le vice-Premier ministre. Il fallait tout d'abord vaincre l'ennemi intérieur, c'est fait ! Il faut maintenant construire un pays prospère où le peuple vive heureux. Nous avons déjà fait beaucoup, mais les traîtres nous ont fait perdre du temps. Nous allons maintenant achever le plan, c'est-à-dire moderniser les transports d'ici cinq ans, l'agriculture d'ici dix ans et l'industrie d'ici vingt ans...

L'assemblée reprit en chœur les slogans inscrits sur les banderoles accrochées aux murs.

Ieng Sary continua :

— Nous entendons également que toutes les unités devront monter des troupes de danse et des orchestres. Le jour de repos décadaire devra être consacré à l'écoute en groupe de l'émission idéologique du parti. Les filles devront raccourcir leurs jupes et porter des chemisiers de couleur. Il faudra, dans la mesure du possible, améliorer le régime alimentaire..

Enfin Ieng Sary conclut :

— Nous développerons les loisirs et les voyages. Ce seront des voyages d'études, en groupes, qui permettront l'échange des idées.

*

A cette époque furent institués les « mouvements socialistes » qui s'inspiraient des « samedis socialistes » de Lénine, en mieux. Le travail effectué pendant ces « mouvements » devait permettre d'assurer l'autosuffisance de l'unité.

Nous étions conviés à y participer chaque jour une heure, après le repas. Etant donné que nous recevions une meilleure nourriture, nous dit-on, nous n'avions plus besoin du repos de l'après-déjeuner !

Cette nouvelle tâche fut particulièrement pénible. J'eus l'impression qu'on voulait nous user jusqu'à la corde.

La volonté d'auto-suffisance se concrétisait de façon confuse. Comment en appliquer le principe au matériel de bureau ?

Pour le papier, nous pouvions récupérer les archives et les envoyer à l'usine, mais comment faire pour le reste ?

L'utilisation du stylo à bille fut réservée aux « aînés ». Nous étions tenus d'écrire au crayon et de veiller à en économiser l'usage. Quand le crayon devenait trop petit, on lui mettait un chapeau de stylo à bille.

Les corrections sur les documents devaient se faire à l'encre. Quand le liquide se faisait rare, nous y ajoutions du vin blanc pour le diluer. C'est ainsi qu'à côté de la bouteille d'encre, il y eut désormais une bouteille de sylvaner dont on humait le bouquet chaque fois qu'on ouvrait le bouchon de son stylo !

Nous fûmes amenés à teindre les rubans de nos machines. Pour les stencils, dont j'étais une grande consommatrice, la question fut encore plus épineuse. Il y en avait peu et j'étais censée taper sans fautes.

La première chose que l'on jugeait, lorsque je rendais un stencil, était le nombre de petites taches rouges. Pour une ou deux taches, j'avais droit à un froncement de sourcils. Au-dessus de trois taches, j'avais droit à une critique. Il n'y avait jamais plus de cinq taches, car si cela se produisait je préférais jeter le stencil dans le foyer des cuisines.

J'étais consciente de sacrifier la forêt pour un arbre, mais comment faire autrement ?

9

Puis Ieng Sary entreprit un nouveau voyage en Thaïlande. Le travail fut colossal : lettres, traductions, discours, je travaillai sur plusieurs machines à écrire à la fois, jusqu'à des heures avancées de la nuit. Il était devenu courant de passer deux jours et une nuit d'affilée au travail. Il eût été mal jugé de s'y soustraire. J'étais étonnée de pouvoir tenir un tel rythme. Je travaillais machinalement. Ma tête était vide.

Le dernier soir, Saê m'annonça que le parti m'avait choisie pour participer au voyage, dans le cadre des nouvelles dispositions normalisant les déplacements dans le pays. Ieng Sary prenait l'autorail le lendemain pour la Thaïlande. Il emmenait plusieurs classes d'élèves et deux ou trois épouses de cadres nouvellement arrivées.

— C'est un honneur pour moi de participer à un tel voyage, répondis-je en me demandant comment j'allais pouvoir supporter cette fatigue supplémentaire.

— Il faudra rédiger un compte rendu de deux pages, ajouta Saê. Le départ est à sept heures, le rendez-vous est à cinq heures.

Cette nuit-là, je restai devant la machine à écrire jusqu'à une heure trente, puis je rentrai vivement dans l'espoir de me reposer un peu.

A peine m'étais-je allongée que j'entendis des grattements à la porte. Je sursautai et me dressai sur mon lit. Sikoeun me tira en arrière par le bras. D'autres petits grattements se firent entendre et je compris alors : c'étaient mes filles !

— On voulait te voir ! J'ai attendu de voir la lumière, puis je suis allée chercher ma sœur, dit Narén.

Quand elles consentirent à s'endormir, il était déjà quatre heures. Je résistai à l'envie de m'étendre. Il ne fallait pas rater le départ. A cinq heures du matin, j'étais présente au rendez-vous. A sept heures, le train s'ébranla.

Dès que le paysage commença à défiler devant mes yeux, mes paupières s'alourdirent. Une de mes élèves vint alors me secouer.

— Interdit de dormir !

Je fis un bond. La jeune fille me sourit.

A midi, nous fûmes invitées par Ieng Sary à partager son repas dans son wagon. Quel honneur ! Il y avait au menu du poulet rôti. Je n'avais pas mangé de viande aussi fine depuis des années... et je ne pouvais pas me lécher les doigts !

Quand le train s'arrêta à Battambang, les membres de la délégation me regardèrent. Bien sûr ! je ne devais pas me montrer. Je me mêlai cependant au groupe des élèves pendant que la délégation était reçue par un homme d'un certain âge, grand, maigre et très alerte : c'était Ta Mok.

Battambang était plus déserte et plus vide encore que Phnom Penh. Elle semblait le vestige d'un passé lointain.

A Sisophon, nous fûmes dirigés, selon nos rangs, vers des habitations différentes. Je partageai ma demeure avec les trois femmes. Dans la soirée nous tentâmes de discuter avec les cuisinières, mais elles avaient des consignes strictes.

Il n'y avait pas d'électricité ni d'autre lumière, j'allai me coucher de bonne heure.

Le lendemain matin, Ta Mok nous proposa de nous emmener, nous les femmes, à Samrong. Tout heureuse, je sautai à l'arrière de la jeep. J'avais tant envie de voir le Cambodge !

Nous prîmes la route. J'avais traduit tant d'articles sur la région que j'étais capable de réciter les noms des villages, des communes et des districts et même ceux des canaux qui les traversaient !

Des deux côtés de la route, s'étendaient à perte de vue des rizières en friche. Je cherchai en vain les travaux de repiquage. Rien, sinon, après une dizaine de kilomètres, un groupe de travail de quelques jeunes filles.

Où étaient les centaines de jeunes des brigades mobiles dont la radio parlait tous les jours ?

De place en place, des groupes d'hommes et de femmes déambulaient, l'air vague, un baluchon sur l'épaule. A leurs habits, des haillons aux couleurs autrefois vives, pantalons collants ou jupes déchirées, on devinait qu'ils étaient des « nouveaux », d'anciens citadins chassés de la ville.

J'appris que de nouveaux transferts de population avaient été organisés, en cette mi-année, pour pallier le déséquilibre causé par la politique absurde d'une « bande de traîtres ».

Ces citadins avaient été, en un premier temps, envoyés dans les régions déshéritées du Sud-Ouest, où, face au dénuement total, ils devaient se faire « une nouvelle conception du monde ». Or, pendant ce temps, les régions fertiles étaient laissées sans main-d'œuvre. On mourait de faim dans tout le pays, mais un cinquième seulement des terres emblavées étaient exploitées !

Où était donc passée l'ancienne main-d'œuvre qui travaillait ces terres ? Beaucoup de questions restaient sans réponse.

Quant aux brigades mobiles vantées pour leur intrépidité au travail, elles vivaient dans de dures conditions. Les repas étaient amenés aux champs : quelques liserons dans de l'eau bouillie, un peu de riz, soit la moitié de ce que nous avions à Phnom Penh. Avec de telles rations, il était impossible de fournir un véritable effort et en conséquence de produire quoi que ce soit.

La végétation était rabougrie. Quelques buffles flânant au soleil y cherchaient une maigre pitance.

— Les buffles sont fragiles, me dit ma compagne. Par temps chaud, ils ne peuvent travailler plus de la moitié du jour. Et il faut bien les nourrir, et leur accorder du repos, et les baigner... La nuit, il faut brûler des herbes pour les protéger des moustiques. En revanche, ils sont capables de travailler dans des conditions difficiles et de labourer, par exemple, des terres inondées. Autrefois, quand les buffles étaient le seul bien des paysans, ils étaient bien traités, mais maintenant ils meurent presque tous. Et ceux qui survivent ne sont plus capables de travailler.

J'ouvris tout grand mes yeux. Le spectacle était terrible : une misère humaine indescriptible, une désorganisation innommable, un gâchis lamentable...

Alors que la voiture roulait à vive allure, un vieillard se précipita à sa rencontre en faisant de grands gestes des deux bras. Sur le bord de la route, une jeune femme était allongée, sans doute malade. Le chauffeur fit une embardée et le vieillard resta au milieu de la route, les deux bras levés vers le ciel.

La voiture s'arrêta enfin devant une grande maison où visiblement nous étions attendus. Une boisson, d'une jolie couleur rose, nous fut servie. C'était un sirop d'écorce. Le vieux cadre donna quelques directives précises :

— Il faut organiser des centres enfantins et donner un œuf par jour à chaque enfant. Il faut abandonner le soja là où il n'est pas rentable. Il faut que chaque famille plante des cannes à sucre, trois pieds par personne, autour de la maison...

Puis nous rentrâmes à Sisophon. L'autorail qui nous avait amenés avait disparu. Ta Mok nous conduisit à toute vitesse, par la route, à Battambang. La chaussée, à l'abandon depuis longtemps, était en piteux état.

Nous retrouvâmes l'autorail à Battambang et poursuivîmes, cahin-caha, notre voyage jusqu'à Pursat où la machine s'arrêta net et refusa de repartir.

Les trois femmes, qui étaient maintenant responsables du voyage, firent descendre tout le monde. Il y avait derrière la gare une vaste cantine, et quand Hieng commanda un repas pour cent personnes, cela ne posa aucun problème : du riz était déjà cuit pour une équipe de travailleurs qui devaient rentrer plus tard...

Pendant le repas, l'aurorail fut accroché à une locomotive et nous pûmes repartir (dans un équipage étrange pour la fille de cheminot que je suis !).

*

De retour à Phnom Penh, j'éprouvai des difficultés à récupérer les fatigues accumulées. Je craignis d'être la victime d'une étrange épidémie qui ravageait alors la capitale. Ce n'était ni la grippe ni la dysenterie, mais les symptômes étaient proches : fièvre et vomissements. (Cette épidémie fut finalement attribuée à un empoisonnement par l'eau et le président de la station d'épuration fut éliminé !)

Mais mon malaise était différent. Il m'envahissait par vagues. Ma fatigue était baignée d'un flot de tendresse. J'eus soudain l'intuition que j'attendais un enfant et je fus saisie par l'angoisse que procure une maternité non désirée, trop lourde à porter.

Comment savoir ? Je n'avais plus de menstruations depuis des années, mais Sikoeun et moi, nous nous étions retrouvés pendant ce printemps. J'eus envie de désespérer, mais une présence persistante me disait :

— Ton fils est là !

J'en parlai à Sikoeun, je lui demandai s'il était heureux. Il tourna la tête, se leva et alla se coucher sans dire un mot.

*

Un jour, les filles de la cuisine me demandèrent à brûle-pourpoint :

— Tante, de combien es-tu enceinte ?

Je répondis sans rien cacher. La nouvelle fit le tour de l'unité en moins de temps qu'il ne faut pour le dire. On vint me féliciter. Que tante Phâl attende un enfant, c'était un grand événement !

Dans le cœur simple des jeunes combattantes, c'était une bonne nouvelle et leur joie m'était douce.

*

Pendant la seconde partie de la saison des pluies, des délégations étrangères se succédèrent sans relâche, parmi lesquelles la délégation d'amitié suédoise conduite par sa présidente, Marita Huor, une jeune femme d'une vingtaine d'années grande et mince, avec une jolie chevelure soyeuse.

Son mari était khmer. Elle l'avait épousé à l'époque de la guerre anti-américaine. A la Libération, son mari avait rejoint le pays alors qu'elle était enceinte. Elle était restée sans nouvelle du père de son enfant, mais elle avait refusé de croire les informations faisant état de massacres et s'était même employée à les dénoncer en créant une association. Elle avait remué ciel et terre pour collecter des fonds, des médicaments et divers matériels, puis elle avait organisé son expédition.

Une fois arrivée sur place, elle demanda des nouvelles de son mari, à qui elle avait apporté des photos de son jeune fils prénommé « Liberté ».

— Nous vous accueillons uniquement en tant que présidente de l'association d'Amitié, lui dit-on vivement. Nous vous prions de ne pas vous mêler de nos affaires...

Les Khmers étaient très fiers de leur indépendance et ils disaient volontiers :

— Elle vient nous espionner, mais nous sommes capables de la neutraliser !

La délégation effectua de nombreuses visites et, la veille du départ, une soirée artistique fut organisée en son honneur. Jusqu'au dernier moment, Marita espéra que les autorités, qui l'avaient accueillie avec beaucoup de pompe, finiraient par lui donner des nouvelles de son mari. Il n'en fut rien.

*

Depuis plusieurs semaines, je n'avais guère eu plus de trois heures de repos par jour. Cours, traductions, corrections, dactylographie, réunions, c'était plus que je n'en pouvais supporter.

Un jour, quand retentit le gong du déjeuner, je ne me sentis pas la force de me lever et je demandai à Sikoeun de me laisser me reposer dans son bureau où se trouvait un lit de camp. Il refusa catégoriquement m'accusant de faire peu de cas du bon repas qui était préparé. Je m'appuyai contre le mur, je me sentais vraiment mal. Mon cœur battait à se rompre. Sikoeun me poussa dans le couloir puis dans la cour où je m'effondrai. Il me quitta alors la tête haute pour aller déjeuner, très content de lui.

Je me traînai jusqu'à ma chambre. Jamais le chemin ne m'avait paru si long. J'étais saisie de vertiges. Je crus que jamais je n'y arriverais.

Quand Sikoeun rentra, il reprit sa diatribe :

— Faut-il que tu sois mauvaise pour refuser d'aller manger le bon repas que les combattants et combattantes, nos frères et sœurs du peuple t'ont préparé !

Si le mari devait se montrer dur avec sa femme, le parti devait, lui, se montrer attentif et veiller avec sollicitude sur la santé de chacun. C'est ainsi qu'une jeep vint me chercher pour m'emmener à une visite médicale. On me fit des analyses dont les résultats furent égarés. Le parti me fit parvenir une boîte de lait concentré. Comme je me régalai d'avance des forces qu'elle allait me procurer, Sikoeun me lança :

— Qu'as-tu fait pour avoir du lait ? Les combattants blessés en ont besoin plus que toi...

*

Quelques jours avant la fête du parti, Moch revint. Les responsables firent savoir à tout le monde qu'elle avait beaucoup progressé, c'est pourquoi elle était appelée à assumer des fonctions plus élevées. Le lendemain et les jours suivants, Moch travailla dans l'équipe chargée du potager. Elle déambula avec le groupe joyeusement, une houe sur l'épaule. Elle riait et chantait en éprouvant une joie évidente.

Grâce à la ligne juste et à la politique patiente et chaleureuse du parti, disait-on, la jeune femme déprimée s'était « révolutionnée ». Elle était devenue une prolétaire du parti et le parti l'appelait maintenant pour d'autres tâches. Elle était la preuve que des gens des anciennes classes privilégiées pouvaient être conquis par la révolution.

Moch entra dans les bureaux après un court séjour au travail manuel pour « consacrer ses liens avec les masses ». Outre quelques travaux de traduction et de dactylographie, elle fut chargée principalement de donner des cours d'anglais.

Moch prit son travail à cœur mais elle se heurta à ses élèves qui, habitués à une prononciation plus américanisante, prétendirent que son accent n'était pas bon. Ils jugèrent qu'elle n'était pas compétente et qu'il était donc dangereux d'apprendre ce qu'elle enseignait…

C'est à cette époque également qu'on vit arriver San. Fille d'une grande famille cambodgienne, San avait été élevée en Chine où elle avait vécu la révolution culturelle. A la fin de brillantes études de médecin pédiatre, elle avait souhaité épouser un Chinois. Pour elle, Chou En-lai avait fait une dérogation.

En 1975, elle mit au monde une jolie fillette qu'elle emmena avec elle au Cambodge. Le gouvernement khmer lui avait promis que son mari pourrait la rejoindre par le prochain avion.

Mais dès qu'elle fut arrivée à Phnom Penh, les autorités s'opposèrent à la venue de son mari et la mirent en demeure de prendre un mari khmer.

San résista de toutes ses forces, des mois, des années durant. Critiques, autocritiques, toutes les pressions furent exercées sur elle. Finalement, on lui enleva sa fille et San craqua.

A son arrivée à B1, San était enceinte de trois mois. Le mari que le parti venait de lui imposer restait éloigné, sous prétexte que c'était un élément peu sûr !

*

Les réjouissances de la fête du parti commencèrent par la diffusion de chants révolutionnaires que les haut-parleurs déversaient à pleine puissance. L'équipe des cuisines fut renforcée pour préparer quelques bons repas.

Le cinéma du quartier, rouvert pour l'occasion, projeta de vieux films albanais et chinois, sans traduction et sans suite au hasard des bobines, mais cela suffit à enthousiasmer le public qui en oublia de faire honneur à la cuisine. Les repas furent boudés et les filles de la cuisine, Choeun en tête, se fâchèrent.

*

Le bureau dans lequel je travaillais était adjacent à la grande salle de réunion de Ieng Sary. Chaque fois que des personnalités de l'extérieur étaient conviées à une conférence, un paravent était installé dans le couloir de telle façon que je ne puisse pas les voir entrer et qu'eux-mêmes ne puissent découvrir ma présence.

Or, un soir de la fin octobre, j'arrivai en même temps qu'une haute personnalité convoquée par Ieng Sary. C'était un homme grand, les cheveux grisonnants bien coiffés, l'air calme et sûr de ceux qui exercent des fonctions d'autorité : Vorn Vet, vice-premier ministre chargé de l'Economie.

Quelques jours plus tard, j'eus entre les mains un article à traduire, consacré à une réception officielle. Il manquait un nom parmi la liste des personnalités présentes, le sien. S'agissait-il d'un oubli ? Je me rendis auprès de mon supérieur pour lui poser la question. Il resta muet, alla s'enquérir, puis revint me dire :

— Il n'y était pas !

Encore une fois donc, le ministère des Affaires étrangères avait été l'antichambre de la mort.

Puis nous eûmes la visite d'une délégation chinoise. Au dernier moment on me demanda de taper le discours officiel tout en me précisant que je ne devais pas le lire ! C'est ce que je fis.

Quelques instants avant la réception, Sikoeun m'appela anxieux, le souffle coupé, et me pria de retaper le discours en enlevant un paragraphe.

Je retapai donc vivement le tout en lisant cette fois, pour découvrir la raison de cette agitation. Le paragraphe à supprimer disait : « Le gouvernement du Kampuchéa démocratique et le parti communiste sont certains de pouvoir compter sur l'aide de l'armée chinoise sœur en cas de besoin. »

Sikoeun fut chargé de participer à la réception officielle en tant que responsable de la sonorisation et de l'électricité. Pourquoi avait-il été nommé à ce travail, lui qui n'était même pas capable d'installer un interrupteur ?

Quand il revint, Sikoeun tremblait encore. Blême, il me

raconta qu'une panne d'électricité s'était produite au moment même où la délégation étrangère entrait dans la salle et que le micro s'était tu plusieurs minutes pendant le discours de l'hôte.

Sikoeun s'était laissé piéger. Je sentis que notre situation devenait bien précaire. J'eus le sentiment que nous arrivions à la fin du voyage. Je pensais à mes filles. Que deviendraient-elles ?

Le refus de la Chine d'une intervention directe fut assorti de l'envoi d'une troupe acrobatique de l'armée pour une tournée à travers le Cambodge.

Les enfants allèrent au spectacle. Au retour, les commentaires furent abondants. Narén et Sokha me racontèrent en particulier comment une « tante » chinoise les avait prises sur ses genoux et leur avait donné des bonbons.

Narén, dont les yeux pétillaient encore de plaisir, me montra comment elle avait saisi les bonbons entre ses mains pour les distribuer à tous ses amis.

— En Chine, les enfants peuvent manger des bonbons ? me demanda-t-elle. C'est plus riche qu'ici ?

Je sursautai et lui fermai la bouche vivement. Je regardai autour de moi pour m'assurer qu'on ne l'avait pas entendue. De tels propos ajoutés aux déboires du père ne pouvaient que rendre plus fragile notre position.

*

En novembre le ministère fut restructuré. Sikoeun fut chargé de la responsabilité du département de la presse. Je m'inquiétai. Personne jusqu'ici à B1, à l'exception de Phon qui confirmait la règle, n'avait survécu à une promotion. Sikoeun resta indifférent à mes craintes. Il triomphait. Il était devenu aveugle et sourd à toutes mes remarques.

Les effectifs du département Presse et Information augmentèrent considérablement. Il y fut adjoint un groupe de traducteurs chinois et une section de vietnamien.

Un contingent de rééduqués, promis depuis longtemps, rejoignit B1. Il y avait parmi eux des gens que j'avais connus dix ans plus tôt : Paên, un ancien étudiant, avait beaucoup changé, Teary, le neveu de Chau Séng, Som, qui avait perdu dans l'évacuation sa femme et ses quatre enfants, Hom, un garçon grand et fort qui avait beaucoup souffert de la malnutrition et portait des œdèmes, et encore Ti, le mari de Joëlle, avec sa nouvelle femme.

Il fut alors décidé d'occuper de nouveaux locaux. Nous aménageâmes l'aile ouest du troisième étage.

Nous préparâmes la diffusion d'émissions de radio en anglais. On verrait plus tard, disait-on, à diffuser des émissions en d'autres langues. On commença également d'envoyer des télex en anglais et en français. Je rédigeais les dépêches, les tapais en majuscules et les remettais à un agent de liaison qui les emmenait dans un endroit secret pour les transmettre.

Quand tout fut prêt, Ieng Sary nous fit le grand honneur de nous recevoir dans son bureau.

— La guerre des ondes est ouverte ! déclara-t-il d'emblée.

Puis, après quelques mots d'introduction, il s'adressa à moi :

— Phâl, que pensez-vous des speakerines en langue anglaise ?

Je me pinçai les lèvres. Je n'aimais pas du tout ce genre de questions. Sa nièce Da jouait un rôle primordial dans la diffusion en anglais. Plus qu'imbuvables, ses traductions étaient incompréhensibles. Très imbue de ses fonctions et de ses responsabilités, elle n'admettait aucune correction.

Prenant mon souffle, je lançai :

— Da a une bonne prononciation, mais Ni fait de meilleures traductions.

Sikoeun me lança des regards furibonds. Ieng Sary se mit à rire, comme il le faisait souvent, en regardant en l'air.

Dans la salle, pas un bruit. Tous les participants, quel que soit leur rang, restaient figés sur leur chaise. Il était assez impressionnant de voir une telle assemblée d'hommes censés détenir les commandes d'un Etat se tenir ainsi muets, pétrifiés, terrifiés.

— Mauvaise réponse ! dit Ieng Sary. Da a une bonne prononciation ! Ni fait de bonnes traductions ! Cela ne veut rien dire.

J'eus honte de cette mise en scène grotesque. Je regrettai le temps où je cultivais mon potager. On me tenait alors en quarantaine, mais j'étais plus libre.

Je répétai ce que je venais de dire.

— Si, si ! J'ai bien dit : Da parle bien, elle a un bon accent. Ni traduit mieux. Elle a aussi une bonne prononciation.

Ieng Sary passa alors sans transition à un autre sujet.

— Quand pouvons-nous commencer ? demanda-t-il à Sikoeun.

— Le 15 décembre !

— Nous commencerons le 1er décembre ! répliqua Ieng Sary. La guerre des ondes est ouverte, c'est votre combat ! C'est à vous de le mener et de le gagner ! Sur le front, non loin d'ici, les combattants et les combattantes, les fils et filles de notre peuple pauvre mais sublime — il s'arrêta un instant pour avaler un sanglot — sont en train de verser leur sang vermeil et pur pour la défense de la patrie et de notre race. Ils consentent le sacrifice suprême... Nous qui sommes à l'abri, bien nourris, reposant sous des moustiquaires, hésiterions-nous à engager le combat ?

L'assistance était silencieuse et recueillie. Ieng Sary parla longtemps. Quand il se tut enfin, un long silence s'instaura. C'est à peine si on osait respirer !

— Bien, conclut Ieng Sary, nous commencerons donc le 1er décembre !

Puis il donna des instructions.

— Sikoeun, veux-tu nous lire l'emploi du temps de la journée ?

— Lever : cinq heures. Jusqu'à six heures : arrosage des légumes, jardinage et nettoyage des locaux. De six heures à sept heures : écoute de la radio nationale. A sept heures : salut au drapeau. De sept heures cinq à onze heures : tâche centrale. De onze heures vingt à douze heures trente : mouvement socialiste. De treize heures à seize heures trente : tâche centrale. De seize heures trente à dix-huit heures : travail manuel et dîner. Dix-neuf heures : reprise du travail. Vingt-deux heures : réunion !

— Bravo ! s'exclama Ieng Sary. Des journées de dix-sept heures ! La supériorité du régime socialiste est là ! On est loin des quarante heures par semaine qu'exigent certains syndicats révisionnistes. On est loin du chômage créé par le régime capitaliste ! Ici, ce n'est pas le travail qui manque, ce sont les bras…

Il était très content de lui.

— Mais attention ! enchaîna-t-il. Vous devez faire attention à votre santé ! Veillez à prendre du repos !

Puis il se tut un long moment avant de conclure sur un autre registre :

— Soyez vigilants ! Parmi nous, il y a encore un traître. Vous devez le découvrir ! La nostalgie de la vie à Paris, la formation française, la vie à la française… autant d'indices sûrs !

A la sortie, Sikoeun m'interpella vivement :

— A ton avis, de qui parle-t-il ?

Tirer le bon numéro, c'était se blanchir d'avance de toutes les éclaboussures qui ne manqueraient pas de jaillir lors de l'opération. Se tromper, c'était manifester une complaisance et s'attirer des soupçons. Ne rien dire était assimilé à une complicité !

Je répugnais à entrer dans ce jeu sordide. Selon les assemblées auxquelles il s'adressait, Ieng Sary laissait entendre qu'il s'agissait soit de Keat Chhon, soit de Thiounn Prasith.

Je me tus. Dans la situation incertaine où je me trouvais, je tenais au moins à sauver la face et finir en beauté, si c'était possible…

Les menaces se précisaient avec cruauté : aux manœuvres entreprises pour mettre Sikoeun en défaut et à sa promotion empoisonnée s'ajoutaient de nouveaux éléments.

Les cadres rééduqués récemment arrivés étaient présentés comme des gens sûrs. Cela signifiait qu'ils étaient destinés à prendre notre place dès que serait acquise « la prochaine victoire sur les Vietnamiens ». On annonçait par ailleurs la venue à B1 de rescapés des purges engagées par d'anciens « aînés » récemment convaincus de traîtrise. Ces derniers ne manqueraient pas de se venger sur ceux qui avaient échappé aux filets des épurations successives…

*

En cette fin d'année, j'éprouvai une grande lassitude et une infinie tristesse. La sensation de liberté m'était devenue inaccessible. Que signifiait tout cela ?

Ce fut l'époque d'un rapprochement avec mes filles. La coupure de midi étant supprimée, je ne rentrais chez moi que tard le soir. Alors, j'allais chercher mes filles dans le centre enfantin, sous leurs moustiquaires. Et nous rentrions, « tous les quatre », comme disait Narén, « petite sœur, petit frère, toi et moi ».

Le petit frère, nous l'aimions déjà beaucoup.

*

Les premières émissions en langue étrangère furent lancées. La situation était officiellement qualifiée d'excellente, mais nous nous savions à un moment décisif. Les accrochages se multipliaient à la frontière. On n'écartait pas l'hypothèse qu'un ennemi intérieur ou un agent vietnamien supprime Pol Pot et porte ainsi un coup fatal au régime...

La ronde des délégations étrangères se poursuivait. C'est ainsi qu'à la mi-décembre, deux Américains et un Anglais vinrent en visite.

Malcolm Caldwell était un universitaire anglais renommé qui voulait se faire une idée sur la révolution khmère.

Les deux Américains manifestaient également une bonne volonté certaine. Richard Dudmann du Saint Louis Post Dispatch avait été prisonnier des Khmers rouges en 1970, et Elizabeth Becker avait sévèrement critiqué la guerre américaine dans le Washington Post.

Initialement prévu pour une semaine, le séjour des trois hôtes se prolongea, et Ok Sakun, dit Mén et Thiounn Prasith, qui se relayaient pour les suivre et leur tenir compagnie, manifestèrent de l'inquiétude.

Comme le séjour de cette délégation arrivait à sa fin, Ieng Sary organisa un séminaire politique. Son premier exposé se voulut très idéologique :

— Tous nos actes et toutes nos pensées, expliqua-t-il,

doivent être consacrés à la nation et au peuple. Il faut respirer, manger et agir en pensant au peuple, aux combattants qui luttent en première ligne. Pendant le salut au drapeau, vous devez vous imprégner de chacun des mots de notre hymne qui a été composé par le « Grand Secrétaire »...

Tout au long de son exposé, le garde du corps lui remit des messages écrits.

La seconde séance fut écourtée.

Le samedi matin enfin eut lieu la troisième séance et le ballet des petits billets reprit. Mais à la troisième entrée, Ieng Sary empoigna son sac et sortit à grands pas, le dos voûté, la démarche lourde...

La séance fut levée, je retournai au bureau. A peine m'étais-je mise au travail que Sikoeun m'appela dans son bureau et ferma la porte à clé derrière moi. Je m'assis anxieuse redoutant quelque terrible nouvelle pour nous. Sikoeun s'assit également :

— Ils l'ont assassiné ! dit-il.

Assassiné ! Le mot m'écorcha les oreilles et je sentis mes forces me quitter. Je ne pensai pas à lui demander qui avait été assassiné. Ce ne pouvait être que Pol Pot.

Un ennemi intérieur puissant allait imposer sa loi. Le sang allait couler. On allait être arrêté, torturé... Les enfants ! Où étaient-elles ? Il fallait tout de suite aller les récupérer.

Je finis quand même par demander, dans un sursaut d'espoir, qui avait été assassiné.

— Caldwell !

Je fus surprise. Pourquoi l'avait-on assassiné ?

— Il faut garder la nouvelle entre nous, continua Sikoeun. Tu vas taper le communiqué. Voici le texte. Il ne faut pas que la nouvelle se sache, répéta-t-il.

Après avoir parcouru les premières lignes, je me retournai surprise vers Sikoeun :

— L'utilisation des modes n'est pas correcte ! Pourquoi mettre l'indicatif si l'on ne connaît pas le coupable ?

— J'ai moi-même soulevé le problème auprès de Ieng Sary. C'est bien l'indicatif qu'il faut mettre.

— Alors, on connaît le coupable ?

La radio en langue nationale ignora l'événement, mais dans

B1 tout le monde sut. Les combattants qui étaient sur les lieux racontèrent tout à leurs camarades et à leurs femmes : le commando était arrivé par une ruelle, qui n'était pas gardée...

10

Au seuil de la nouvelle année, l'ambiance générale, confortée par le travail idéologique, se voulait optimiste. Il régnait à B1 une ambiance presque euphorique. On commençait à porter des vêtements de couleur, les élevages étaient prospères et le potager donnait plus de légumes que jamais. La victoire était proche et l'avenir radieux…

La proche explosion d'une bombe nous surprit, mais personne ne s'émut.

— Ce sont nos combattants qui s'entraînent, fit remarquer quelqu'un.

Une seconde explosion eut lieu pendant une réunion convoquée par Ieng Sary. Les vitres vibrèrent si fort que nous nous attendions à les voir voler en éclats. Le vice-Premier ministre plia précipitamment ses affaires et partit en toute hâte.

Nous continuâmes cependant nos travaux, sans imaginer une seconde que l'étau se resserrait sur Phnom Penh.

Le cinq janvier, je fus tirée du sommeil par l'écho amplifié de la radio. Mon cœur fit un bond. Les propos étaient incompréhensibles, mais je reconnus la voix : c'était celle de Pol Pot. J'avais laissé passer l'heure du réveil. Je me levai et je marchai dans la chambre en proie à une panique indicible. J'entendais déjà les critiques : un discours du numéro un, ça ne se loupe pas ! J'en voulus à Sikoeun d'être parti sans me réveiller.

Tremblante, j'enfilai mon corsage et je remis de l'ordre

dans mes cheveux, puis j'hésitai à sortir. Peut-être valait-il mieux simuler un malaise ? Enfin, n'y tenant plus, je me précipitai aussi vite que me le permettait mon gros ventre — je venais d'entrer dans mon neuvième mois de grossesse — rejoindre les élèves sagement réunis pour écouter le discours.

Mon cœur battait à se rompre et je ne réussissais pas à me concentrer. Il était bien sûr question des Vietnamiens. Il était également question d'« unir toutes les forces démocratiques ». Je ne compris pas ce que cela signifiait car la récente disparition des « bons cadres » de la région numéro un laissait présager une nouvelle vague d'épuration.

Les cours furent suspendus jusqu'à nouvel ordre. Je me rendis directement au bureau. A onze heures, comme je me dirigeais vers la cantine, je fus surprise de découvrir que, de tous côtés, le sol avait été creusé de tranchées.

Phnom Penh serait-elle menacée ? me demandai-je. Trop lasse pour réfléchir, torturée par la faim, je me répétai ce qu'on me disait de croire : les Vietnamiens seront vaincus !

Tout l'après-midi, je rédigeai des traductions avec un automatisme de bête de somme. Il était deux heures du matin quand je quittai mon travail. J'avais rattrapé une grande partie du retard accumulé dans la diffusion des bulletins d'information et de divers articles destinés aux étrangers résidant à Phnom Penh. J'étais contente de moi.

De façon inhabituelle, des lumières encore étaient allumées. Dans le réfectoire, on travaillait avec fébrilité à remplir de riz des sacs boudinés. Confiante dans les informations que je traduisais à longueur de journée, je n'attachai aucune signification particulière à ces préparatifs et je dormis cette nuit-là sur mes deux oreilles.

Le 6 janvier, la journée commença identique aux autres. La position assise m'était devenue pénible, la faim suçait toute mon énergie. Je n'en pouvais plus, mais il fallait tenir. Mon corps criait famine. J'avalai un grand verre d'eau mais je ne réussis pas à tromper ma faim. J'avais honte d'en être réduite à avoir faim tout le temps, à ne penser qu'à manger. J'en étais arrivée récemment à dérober des bananes destinées aux lapins !

Je guettais les pas dans le couloir, espérant bizarrement que quelqu'un apporterait à manger, mais personne n'apportait jamais rien.

Quand le gong tinta, j'étais bien avancée dans mon travail. Dehors, le spectacle des longs boyaux de tranchées abandonnées avant d'être terminées avait quelque chose de terrifiant. Ici et là, des groupes étaient affairés à préparer de la viande salée et à faire griller du poisson « pour l'armée et pour nos réserves ». « Les Vietnamiens, on les aura ! » répétait-on. Mes filles vinrent m'annoncer qu'elles avaient creusé leurs propres tranchées et repartirent vivement. Je les suivis du regard. Dans l'après-midi, la fièvre des préparatifs de guerre gagna les bureaux. On prépara des machines à écrire, des dictionnaires, du papier, des crayons. On nous distribua des boudins de riz en vue d'un éventuel déplacement. « Le parti, désireux de sauvegarder l'ensemble de ses forces, vous demandera peut-être de vous installer quelque temps dans un endroit plus sûr... »

Puis une dépêche tomba : Sihanouk venait de prendre l'avion pour l'O.N.U. J'appris par la même occasion que ma compagne de travail, qui une heure auparavant était encore assise en face de moi, faisait partie de la délégation. Dans les couloirs on exultait : « Le parti, disait-on, a une ligne juste et clairvoyante. Quand il parle d'union de toutes les forces démocratiques, il lui donne immédiatement un contenu. Sihanouk est un bon patriote. Bravo, Sihanouk ! »

En allant dîner, je fus saisie par un silence étrange, le silence de la mer avant la tempête : un silence strident dont on aimerait comprendre l'origine...

Je me hâtai vers le réfectoire. Il était aux trois quarts vide ! Je me laissai tomber sur une chaise.

— Les enfants sont partis pour Battambang par le train, annonça quelqu'un. Là-bas, elles seront bien, on y mange bien !

— Et vous, tante Phâl, pourquoi n'êtes-vous pas partie avec tout le monde ? Dans votre état...

Personne ne m'avait parlé de rien ! Je restai coite, cruellement impuissante.

Le soir, je m'installai à nouveau devant une importante pile de stencils à corriger et de documents à taper. J'attaquai le travail en pensant à mes filles. Je me demandai où elles passeraient leur première nuit. Autour de moi, les départs se succédaient. A deux heures trente, je rentrai me reposer.

Le 7 janvier au matin, quand je quittai mon domicile, le jour n'était pas encore levé. Dans l'impasse séparant les immeubles du reste du ministère, des soldats agglutinés autour de caisses de fusils neufs fourbissaient leurs armes. Chuchotements et cliquetis dans la lumière grise de l'aube, la guerre était là.

Nous saluâmes le départ du dernier convoi dirigé par Sêa. Nous restions une dizaine « en première ligne », pour assurer le fonctionnement de la radio et du télex. Ce n'était pas un mince honneur !

A sept heures, nous nous ressemblâmes devant le drapeau pour chanter l'hymne national en chœur avec la radio. Nous étions convaincus que les dirigeants se trouvaient toujours à Phnom Penh.

Alors que je venais de mettre la dernière main aux stencils, je m'aperçus que ceux qui étaient chargés de les ronéotyper étaient partis dans la nuit. Tant de travail pour rien ! Pourquoi ne m'avait-on rien dit ? J'en eus les bras coupés et je m'en voulus de ne pas avoir eu plus de discernement. La question se posait : pourquoi voulait-on que je reste ?

Du mieux que je pus, je m'installai à nouveau devant mon bureau et grattai des traductions à partir des communiqués arrivant nombreux du front. Sur toute la frontière khméro-vietnamienne, de l'extrême nord-ouest dit « la queue du dragon » au sud-ouest dit « le bec de canard », les Vietnamiens subissaient de lourdes pertes. Ici, ils avaient perdu vingt tanks, là dix, plus loin une cinquantaine… Je traduisais, traduisais. Je ne sentais plus la faim. Je pensais à mes filles et à l'enfant que je portais. Les départs étaient présentés comme une tactique de guérilla dissuadant les Vietnamiens de bombarder la capitale. C'était une mesure provisoire, de courte durée.

Je me sentis douloureusement seule, au milieu de ces gens qui faisaient de tout un secret d'Etat. Je pensai à mes filles. Confrontées seules à la guerre, elles allaient en connaître l'horreur. Si elles se perdaient, comment pourrais-je les retrouver ? Peut-être ne nous reverrions-nous que bien plus tard… Et si elles mouraient ? L'angoisse me tirait à chaque instant de mon travail.

Neuf heures trente : Hong passa pour annoncer la convocation immédiate par Sikoeun d'une réunion. Le temps qu'on s'assoie, Sikoeun annonça que chacun devait aller chercher son ballot et se tenir prêt à partir pour un endroit sûr choisi par le parti.

Je rassemblai mes maigres effets : une jupe, une brosse à dents… Depuis longtemps, je n'avais plus ni dentifrice ni savon ! Je glissai encore dans le ballot mes photographies, vestiges — mirages presque ! — d'un passé pourtant proche. On m'avait sommée à plusieurs reprises de les faire disparaître, mais tant pis… Je pensai encore au bébé. Je n'avais pas eu le temps ni la possibilité de coudre le plus petit vêtement. Je n'avais pas un seul morceau de tissu. Je montai à l'atelier de couture pour me servir : la porte était close.

Avant de quitter le bureau, je mis de l'ordre. Je fermai soigneusement les tiroirs et les casiers. Je couvris les machines à écrire. Je passai même un coup de chiffon pour que tout soit propre. Puis je me remis à écrire en attendant le départ. Un train d'évacuation s'apprêtait à partir, tandis qu'inexplicablement des gens de plus en plus nombreux arrivaient à bicyclette, on ne savait d'où. Une atmosphère étrange enveloppait Phnom Penh. Elle entrait déjà dans une ère nouvelle…

Dix heures trente : nouveau passage de Hong. Nouvelle réunion. Le groupe se scinda. Une première partie devait aller manger tout de suite et se préparer à rejoindre Battambang. L'autre mangerait plus tard et resterait provisoirement à Phnom Penh. Je fus désignée pour le premier groupe, Sikoeun pour la responsabilité du second.

J'avalai une soupe aigre. Depuis le matin, les femmes des cuisines convertissaient en soupe toutes les denrées qu'elles trouvaient pour ravitailler le front.

— Rendez-vous ici, dans six mois, me dit Hong en me tendant la main.

— Bon succès ! me dit Sikoeun en me serrant également la

main. Je vais à la station radio poursuivre notre tâche. L'armée nous protégera.

Sikoeun rayonnait de joie. Sa nouvelle mission le comblait d'aise. Il avait avec lui neuf personnes, dont San.

Je pris place dans la cabine d'un camion déjà chargé aux deux tiers de sacs de riz sur lesquels s'étaient installés huit, dix passagers. Quand le camion démarra, je vis Hong remettre à Sikoeun un attaché-case. Puis, tandis que Sikoeun montait dans une petite camionnette, Hong enfourcha sa moto et partit.

B1, c'était fini !

— Nous allons charger des motos et des bicyclettes, dit le chauffeur. Ce n'est pas la peine de les laisser aux Vietnamiens !

Le camion s'arrêta donc devant une autre entrée de l'unité pour prendre les engins et nous repartîmes. Il était près de onze heures trente. Nous longeâmes une dernière fois les bâtiments du ministère déserté. Ses tranchées abandonnées avant d'être achevées lui donnaient l'aspect quelque peu étrange d'un gros animal labouré de griffes.

Trois ans plus tôt, j'avais imaginé Phnom Penh, très belle. J'avais souhaité apporter ma contribution à l'édification d'un monde plus beau et plus fraternel...

*

Nous arrivâmes sur la berge du Mékong. Des ouvriers flânaient en groupes tandis que de lourdes barges bondées remontaient le fleuve.

— Cela fait déjà plusieurs jours, me dit ma compagne, que les populations des provinces frontalières remontent le fleuve. Elles vont provisoirement dans les provinces du Nord où elles seront accueillies par des coopératives...

Notre camion allait s'engager sous le pont de Chruy Changvar, quand quelqu'un cria de l'arrière :

— Halte ! Nous avons oublié la marmite pour faire cuire le riz !

Le chauffeur ralentit et prenait ses dispositions pour faire demi-tour, quand retentit derrière nous une violente explosion, bientôt suivie d'une deuxième.

— Les Vietnamiens ! crièrent les passagers.

— Les Vietnamiens ! reprit le chauffeur en appuyant à fond sur le champignon. Ils sont derrière nous !

Puis il se tourna vers moi et me demanda :

— Par où passe-t-on pour aller à Battambang ?

*

A Prek Kdam, point de passage entre la moitié sud et la moitié nord du pays, tristement célèbre pour les évacués de 1975, la route était bondée de jeunes ouvriers désorientés. Personne n'était là pour organiser les opérations. Pas un chaland en vue.

Le camion avança au pas. Quelqu'un nous cria que Kampong Chhnang, la première ville sur la route, était prise. Le chauffeur voulut faire demi-tour. Je ne pouvais croire que la situation en était déjà là. Pourtant, c'était vraisemblable. Les Vietnamiens avaient pu encercler Phnom Penh avant de la prendre.

— Il faut passer, dis-je. Continuons !

Le camion reprit la route aussi vite qu'il put en cahotant sur les nids-de-poule. Nous restâmes silencieux, tendus, la respiration suspendue, les yeux fixés dans le lointain, guettant l'apparition de l'armée ennemie.

Kampong Chhnang fut enfin en vue et mon cœur se serra à l'idée qu'on ne passerait peut-être pas. Serions-nous arrêtés, emmenés ? Et les enfants, qu'étaient-elles devenues ?

Peut-être serions-nous exécutés sur-le-champ ? Mes filles ! Mes filles ! Où pouvaient-elles être à cette heure-ci ?

J'eus envie de faire une prière et un vœu.

*

Le camion traversa la ville morte d'une traite et nous roulâmes encore longtemps avant de faire une halte. Je posai ma main sur mon ventre. Le bébé n'avait pas bougé depuis longtemps. Pourvu qu'il tienne, qu'il attende qu'on ait retrouvé ses sœurs !

A la tombée de la nuit, le camion arriva à Pursat et chercha la maison d'hôtes dépendante de B1. Trois cuisinières, des jeunes filles formées à B1, préparèrent une bonne soupe aux choux avec des morceaux de viande de porc. Elles ignoraient tout de la situation et nous ne soufflâmes mot des raisons de notre arrivée inopinée. La guerre faisait rage, maintenant, mais c'était encore un secret d'Etat !

Pour la nuit, tout le monde s'installa dans des hamacs, sauf moi qui m'étendis dans la cabine du camion avec mes sandales pour oreiller. J'avais calé le bébé et mes jambes, tant bien que mal.

Très tôt le lendemain matin, on reprit la route. Arrivé pendant la nuit à bord d'une voiture de tourisme, Mân-à-la-jambe-de-bois me fit monter dans sa voiture, avec son chauffeur. Compte tenu de mon état, il voulait limiter les risques. Je laissai mon ballot dans le camion. Nous prîmes la route de Battambang.

Je regardai se dérouler le paysage. Point de vie, point de cultures, des rizières en friche depuis des années... Une désolation infinie. Où était le miracle de la collectivisation ? La nature maîtrisée ? Les foules heureuses de citadins convertis ?

Il était flagrant que le pouvoir central n'avait pas su s'imposer. Phnom Penh, la tête, n'avait ni corps, ni bras, ni jambes ! Tout n'avait été qu'illusion et comédie !

La voiture arrivant à Battambang, je pensai à mes filles. J'imaginai nos retrouvailles dans un lieu paisible où il y aurait à manger. Les angoisses de la veille étaient déjà loin. Ici tout semblait en paix, et surtout inaccessible aux Vietnamiens.

Je me laissais aller à ces doux rêves quand un bruit énorme se fit entendre au-dessus de nos têtes : une escadrille de cinq hélicoptères survolait la ville.

— Ce sont nos « Grands », déclara le chauffeur avec assurance. Ils ont tenu à quitter Phnom Penh les derniers pour couvrir l'évacuation. Ah ! des dirigeants comme eux, soucieux de la sécurité de leur peuple, toujours prêts à se sacrifier, il n'y en a pas d'autres dans le monde, ni dans l'histoire !

Emue par cette déclaration de confiance, je fus convaincue de ce qu'affirmait le chauffeur. Mais à peine les hélicoptères avaient-ils disparu derrière un rideau d'arbres que surgit un groupe d'avions chasseurs. Trois formidables explosions retentirent et des colonnes de fumée noire s'élevèrent aussitôt.

— Ah ! ces Vietnamiens ! Qu'ils sont arrogants ! ragea le chauffeur. Poipet ! Allons à Poipet !

— Ah non, pas question ! protestai-je. Allez-y si vous voulez mais moi je reste ! Les enfants sont à Battambang, je veux les retrouver.

La voiture fit le tour de la ville. Point d'enfants ! Aux alentours de la gare, il y avait beaucoup de monde. L'explosion des bombes avait semé un vent de panique.

Puis le chauffeur se rendit à un poste à essence — je fus étonnée de constater que cela existait encore ! — et consentit ensuite d'aller jusqu'à Sisophon. C'était le véritable point de ralliement, à ce que j'appris alors. La cocoteraie était évidemment un lieu plus sûr que la ville !

Nous reprîmes la route à vive allure jusqu'à la cocoteraie. Puis le chauffeur donna un grand coup de frein, ferma le contact, empoigna son ballot et claqua la portière en me criant :

— Je pars m'engager dans l'armée !

Avant même d'avoir pu ouvrir la bouche, je me retrouvai seule. Mon ballot était resté dans le camion qui était, Dieu seul savait où !

Il était tard, je n'avais pas mangé depuis la veille. Je marchais en rond, cherchant la solution. Je pouvais prendre la voiture et repartir, mais cela ne me rendrait pas mes filles ! D'ailleurs, où partir ? Que faire ? Appeler, courir, pleurer, attendre ? Attendre que le parti communiste du Kampuchéa, juste et clairvoyant, daigne baisser son regard sur la créature misérable, indésirable et embarrassante que j'étais…

Je venais de prendre le parti de chercher mes filles quand des crissements de pneus se firent entendre sur le gravier. Je me dissimulai pour voir sans être vue… Et je fus bien surprise de reconnaître Ny Kân, le chef du protocole, descendant de sa belle voiture, suivi de plusieurs jeunes de son équipe en grande tenue de cérémonie : costume et chemise blanche pour les garçons, haul et corsage blanc pour les filles. J'allai au-devant d'eux. Ny Kân fut très étonné :

— C'est toi, Phâl ? Phâl de B1 ? insista-t-il.

J'eus presque envie de rire. Il poursuivit :

— Que fais-tu là ?

Je lui exposai les événements tels que je les avais vécus. Tout le monde s'était rassemblé autour de moi. Dans les yeux, je lisais la surprise et le doute. Ils étaient tous très ennuyés car ils avaient laissé toutes leurs affaires à Phnom Penh…

— Et ma femme ? demanda Kân.

— Elle a préparé ton ballot et l'a laissé sur la table pour que tu le trouves en rentrant, lui répondis-je.

Les jeunes prirent la parole à leur tour et m'expliquèrent qu'ils avaient eu la mission d'accompagner jusqu'à la frontière les diplomates et techniciens étrangers résidant à Phnom Penh. C'est ainsi que j'appris que les principaux lecteurs des documents que je traduisais et tapais étaient tous partis depuis plus d'un mois ! J'eus envie de crier à la bêtise, à l'abus de pouvoir. Mais c'était maintenant fini. J'en étais sûre et j'en ressentais un vif soulagement.

Ny Kân s'éloigna de quelques pas. En homme de décision et d'organisation qu'il était, il prit position devant une maison de pierre et se lança dans une longue exhortation pour convaincre tous ceux qui étaient là de s'engager dans l'armée…

Tous se regroupèrent autour de lui. Il leur parla avec flamme d'une victoire certaine et rapide sur un ennemi miné par les difficultés et les contradictions. Il lança des appels vibrants à la survie de la race. Il promit des retrouvailles dans une Phnom Penh libre et la réédification du pays sur des bases nouvelles. Il conclut :

— Nous vaincrons ! A bas les Vietnamiens ! Vive le parti !

Ce que tout le monde reprit en chœur.

Tard dans la nuit arriva le camion avec lequel j'avais quitté Phnom Penh. Je récupérai mon ballot et m'allongeai sous l'auvent de la résidence où j'avais déjà dormi lors de mon précédent voyage. Je n'éprouvai ni fatigue ni faim. Mon désir était d'être seule pour consacrer toutes mes pensées à mes filles.

Après le lever du jour commença une longue attente. J'explorai la cocoteraie. Tout au fond, il y avait de belles maisons en bois, un puits et une mare. Un groupe de combattants habitait là et cultivait un jardinet.

En milieu de journée, on fit cuire une marmite de bouillon de riz et de soja qu'on mangea avec un peu de sel. Les provisions ne manquaient pas, mais il fallait les économiser.

A la nuit tombante, aucune nouvelle n'était encore parvenue au sujet des enfants. Je guettais toutes les allées et venues. Je voulais avoir confiance en Ny Kân, mais mon angoisse grandissait au fil des heures...

La journée suivante fut tout aussi vide. Les jeunes, qui voulaient s'engager dans l'armée, étaient toujours là et tournaient en rond. Ils donnaient l'impression d'un troupeau parqué. Assise sur le sol, je regardais vaguement la foule désœuvrée baignant dans un nuage de poussière. J'attendais, moi aussi, je ne savais plus quoi...

Soudain, je sautai sur mes pieds. Deux grosses voitures noires arrivaient en cahotant et dans chacune d'elles je reconnus une de mes filles ! Je courus derrière elles, en vain. Les voitures disparurent dans un nuage de poussière blanche. Les gamines ne m'avaient pas vue. Elles étaient cramponnées au siège avant et semblaient toutes réjouies.

Des camions suivaient remplis de tous ceux — élèves, cadres et familles — qui avaient quitté Phnom Penh par le train.

J'eus bientôt le récit du voyage, particulièrement mouvementé. Après une longue attente en gare de Phnom Penh, le train s'était mis en route. Puis il s'était arrêté à plusieurs reprises en rase campagne et tout le monde avait été sommé de descendre, avec les bagages.

Lors d'un redémarrage précipité, Thi, qui s'était pourvue de grandes brassées de canne à sucre, de jarres de viande, de légumes salés et d'énormes ballots de vêtements, avait été contrainte de tout abandonner sur le ballast.

Des hommes armés avaient attaqué le convoi.

A Battambang, Thi avait erré avec toute sa troupe avant de retrouver des chauffeurs de B1 qui sillonnaient toute la région à leur recherche.

Sur le marché, Narén avait suscité une grande curiosité parmi la foule qui s'était attroupée autour d'elle.

— Qui est ta mère ? lui avait-on demandé.

— C'est tante Phâl !

— Où est-elle ?

— Elle est sur le front. Elle fait la guerre par les ondes ! avait répondu la gamine.

J'étais si heureuse de retrouver mes filles ! J'allai les voir dans leur nouvelle maison, à l'extrémité sud de la cocoteraie. Je trouvai Narén endormie sur un banc, épuisée sans doute par son long voyage. Je la contemplai dans son sommeil quand la petite sœur bondit de derrière un buisson et, arborant son sourire charmeur pointé de deux petites fossettes, elle me dit :

— Tante ! Est-ce que tu as quelque chose à manger ? Puis elle glissa sa petite main dans la mienne.

A l'heure de la toilette, les enfants se rassemblèrent autour de la pompe. Narén était là et elle ne cacha pas sa surprise, teintée de déception, de me voir :

— Je te croyais sur le front !

— Tu sais bien que ton petit frère va bientôt naître, lui répondis-je.

— Et l'oncle Kong (Sikoeun), où est-il ? reprit l'enfant qui suivait son idée.

— Il a dit qu'il allait dans un endroit sûr où il serait protégé par l'armée...

— Dis-moi, tante ! Et Narén se fit soudain câline. Est-ce qu'on prend les enfants, au front ?

Le soir, Narén et Sokha vinrent me voir toutes les deux, la grande conduisant la petite, et voulurent dormir avec moi.

Je partageais alors une grande pièce obscure dans une maison sur pilotis, avec une quarantaine de femmes et quelques nourrissons. Je cherchai mon ballot à tâtons et j'en sortis une boîte en fer-blanc où j'avais serré quelques bananes séchées, distribuées par Saê avant le départ.

J'en pris une et la partageai. Mes filles sucèrent l'un des morceaux et enfouirent l'autre dans une poche.

Puis elles s'allongèrent sur le plancher et s'endormirent. Je posai mes lèvres sur leurs petites têtes et respirai longtemps leur douceur chaude.

Prises dans le feu de la guerre, dans un monde quelquefois bon, souvent hostile, nous étions heureuses, toutes les trois — *tous les quatre*, aurait dit Narén !

J'écoutais les minutes tomber une à une.

Saê organisa activement la vie du campement, en attendant le proche retour à Phnom Penh, dont tout le monde était convaincu.

Avec quelques mots, elle galvanisa les volontaires pour l'armée et enthousiasma les plus faibles pour aller faucher le riz mûr. En quelques heures, elle prit contact avec plusieurs coopératives et répartit les effectifs. Tout le monde fut « casé ».

Il restait le problème des enfants séparés de leurs parents. On s'en partagea la charge. Je m'occupai de Soth, la fille de San qui était restée à Phnom Penh, dans le groupe de Sikoeun.

Narén me montra son ballot. Elle n'avait pris, en tout et pour tout, qu'un petit morceau de tissu comme couverture.

— Pour Sokha et moi ! dit-elle.

Le lendemain, il était déjà une heure avancée de la matinée quand Saê convoqua une réunion pour parfaire la distribution des tâches et la répartition des effectifs. Pendant que Saê parlait, les jeunes affectés aux coopératives traversaient la cocoteraie en rangs serrés. Je les suivais des yeux quand éclata soudain une fusillade nourrie.

Tout le monde se leva, comme un seul homme. On empoigna gosses et ballots et on fila par le sud de la cocoteraie.

Je pressai les retardataires tandis que derrière nous une combattante criait :

— Vite ! Vite ! Dépêchons ! Les Vietnamiens !

La fusillade augmenta d'intensité, ponctuée par des explosions de roquettes.

Narén et Sokha filèrent comme des flèches, mais Soth,

paralysée par la peur, refusait d'avancer. Elle pleurait et réclamait sa mère. Pour l'encourager, je lui dis :

— Ta maman t'attend là-bas, sous l'arbre !

Le mensonge prit une fois mais pas deux, et je fus obligée de porter cette grande fille au risque de hâter mon accouchement.

Les gens abandonnaient leurs affaires dans la fuite. Vêtements, ustensiles de cuisine, mallettes, médicaments, sandales et même des fusils étaient jetés de tous côtés. Tout le monde courait à sauve qui peut.

Nous étions plusieurs centaines, surtout des femmes et des enfants, à courir, très dispersés, vers le sud, au travers d'une plaine découverte. Nous laissions derrière nous une petite colline d'où les Vietnamiens pouvaient nous pilonner à souhait.

Gênées et fatiguées par les charges que je leur avais confiées, Narén et Sokha ralentirent et je les rattrapai. Toutes deux tremblaient de peur. L'aînée avait fait pipi dans son pantalon sans s'en rendre compte. Je saisis leurs ballots et les jetai par terre. Elles repartirent à toutes jambes et me distancèrent à nouveau.

Nous avions déjà parcouru plusieurs kilomètres quand le mot passa de longer la rivière. Les arbrisseaux qui la bordaient pouvaient servir d'abri et nous cacher à la vue des tireurs. Mais en guise d'arbrisseaux, il y avait des bambous sauvages dont les épines griffèrent les visages et labourèrent la peau des bébés dans les bras de leurs mères.

Finalement, l'obstacle devint infranchissable. Pour se frayer un passage, on dut pénétrer dans l'eau. Le courant était fort et, par endroits, la rivière profonde. Les pieds s'enfonçaient dans la vase. Par précaution, je retirai mes sandales.

Je m'en tirai à grand-peine. On raconta plus tard que deux enfants qui avaient voulu doubler par le large s'étaient noyés.

Quand nous rejoignîmes la terre ferme, les combats avaient cessé. Ou peut-être étions-nous trop loin pour les entendre ? Mais nous courions toujours. Un combattant se chargea de Soth et je ne désespérai pas de rattraper mes filles quand je vis, debout, seul, un petit garçon qui regardait de ses grands yeux étonnés le défilé des fuyards. C'était Mau, un petit garçon de trois ans. Il ne pouvait pas suivre, on l'avait abandonné.

Je m'approchai de lui. Il me sourit. Derrière moi, il n'y avait plus personne. Je le pris dans mes bras et poursuivit mon chemin.

Je ne pus avancer très longtemps et je dus me résoudre à faire comme les autres : abandonner mon ballot. J'hésitai un instant, puis je me penchai et j'en retirai mes photos avant de repartir.

Je ne tardai pas à rejoindre un groupe de jeunes filles qui protestèrent de me voir ainsi chargée et prirent le gosse. L'endroit où j'avais abandonné le ballot n'était pas très éloigné. J'hésitai à aller le récupérer.

— Avez-vous vu mes filles ? demandai-je aux jeunes filles. Et comme elles me répondaient que non, je renonçai au ballot et me lançai à la poursuite du groupe de tête.

Je parvins finalement dans une sorte de cuvette, près de la rivière, où tout le monde était assis, en silence.

Mes deux filles étaient là. Elles se levèrent et vinrent se jeter dans mes jambes. Soth était là aussi, mais elle resta assise, très triste. J'allai à elle pour lui prendre la main, elle refusa de me la donner. Les événements avaient frappé son petit caractère farouche et indépendant. J'éprouvai une profonde admiration devant cette petite fille volontaire.

— Tu sais, tante, me dit ma fille aînée, on ne savait pas où tu étais. On te croyait peut-être perdue. J'ai pris soin de ma petite sœur, ajouta-t-elle, en me montrant qu'elle la tenait par la main. La petite sœur se blottit contre elle.

Tout près de là se dressaient deux misérables paillotes de passeurs. Ceux-ci consentirent à nous prêter leur barque, un vieux rafiot qui prenait l'eau, pour franchir la rivière.

11

Du haut de l'autre rive, qui était assez escarpée, nous pûmes voir deux grandes colonnes de fumée noire s'élever de la cocoteraie que nous venions de quitter. D'un ton d'expert, le chef du département politique du ministère mit les dégâts sur le dos des Vietnamiens.

Comment les Vietnamiens étaient-ils arrivés si vite ? L'effet de surprise avait été d'autant plus grand que nous nous croyions à l'abri et que nous étions tous convaincus que notre armée était en train de leur infliger de lourdes pertes le long de la frontière. S'agissait-il d'une tactique ou étions-nous victimes d'une trahison ? L'opinion penchait pour la seconde hypothèse Son Sén était ouvertement accusé et on disait que son sort aurait été réglé depuis longtemps si le parti n'avait pas voulu faire main basse sur tout son réseau. Maintenant, on le dénonçait à haute voix et pour faire bon poids on lui associait son frère, Ny Kân, en s'appuyant sur des griefs contre sa femme qui se trouvait parmi nous.

Le temps des bonnes choses est révolu ! entendait-on dire. Tout le monde avait cru au printemps de Phnom Penh. La plupart des jeunes femmes qui étaient là avaient un jeune enfant, ou étaient enceintes, ou venaient de se marier. Les maris étaient restés pour défendre Phnom Penh.

Devant nous s'étendait un plateau aride à perte de vue. Pas un arbre, pas un village !

— Où allons-nous ? demandai-je.

J'aurais voulu comprendre le pourquoi et le comment pour

avoir la force de continuer. Mais c'était, là encore, un secret d'Etat ! Il nous restait à avancer, en troupeau.

Une longue marche commença. Les herbes sèches faisaient mal sous les pieds, et la terre craquelée, brûlante et dure, achevait de les blesser. Chaque pas tirait un cri de douleur aux enfants.

A la nuit tombante, il n'y avait toujours rien en vue et l'obscurité rendit notre marche encore plus pénible.

— Couchez-vous ! Des avions ! cria soudain quelqu'un.

Tout le monde s'aplatit. N'entendant rien, ne voyant rien, je m'approchai de celle qui avait donné l'alarme.

— Où sont les avions ? lui demandai-je.

— Ici, regarde ! répondit-elle, en pointant son doigt.

— Mais, ce sont des lucioles !

Contents de n'en avoir eu que pour notre peur, nous nous relevâmes et poursuivîmes notre route sans chemin vers des villages fantômes. Minuit était passé et nous avancions toujours, trébuchant et peinant de plus en plus, quand, dans l'ombre, nous distinguâmes un bosquet d'arbres. Saê nous enjoignit de nous tapir sans bruit pendant qu'elle irait négocier. Quel besoin y avait-il de négocier ?

Une heure passa avant qu'elle ne revint. Elle nous chuchota alors de la suivre sans bruit jusqu'au troisième hameau : les deux premiers n'étaient pas sûrs.

Quand nous arrivâmes des femmes étaient en train de faire cuire de la soupe de riz. Elles ouvrirent pour nous un pot de prahoc. Nous vidâmes deux grandes jarres d'eau saumâtre pour étancher notre soif. Nous mangeâmes à plusieurs par assiette, en buvant, en lapant la soupe de riz...

Nous fûmes contents d'avoir de la paille pour literie.

Il fut entendu que nous travaillerions pour gagner notre riz et on nous interdit formellement de révéler que nous venions de Phnom Penh.

Le matin, je me réveillai endolorie et brisée pour découvrir un spectacle triste et absurde. Au milieu de misérables paillotes couraient des enfants nus aux ventres proéminents, tandis que des femmes transportaient lentement au prix de lourdes pertes de grosses charges de riz. Le président du village se pavanait au milieu du décor et lançait au travers d'un haut-parleur nasillard des slogans d'incitation au travail :

— Lançons l'offensive de la récolte du riz !

— Concentrons nos attaques sur la récolte !

Je me rendis sur l'aire de battage. On me fit asseoir et je fus invitée à vanner le riz en soufflant sur les grains éparpillés sur le sol. Mes jambes étaient lourdes, souffler me donnait des vertiges, je fus bientôt obligée de retourner sur mon lit de paille où je me reposai un moment avant d'entreprendre la visite du village. J'avais tant envie de connaître le Cambodge !

Quelques paillotes délabrées se serraient autour d'une grande cantine. De vieilles femmes étaient assises en tailleur sous des moustiquaires repliées, noires de poussière. Je m'approchai d'elles. Elles m'accueillirent à bras ouverts :

— Ma chère enfant ! Que fais-tu là, dans ton état ? Par des temps si durs, qu'es-tu venue faire au Cambodge ?

— J'aurais tant voulu vous apporter quelque chose, répondis-je.

Elles poussèrent de longs soupirs. D'autres femmes plus jeunes revenaient des champs. L'heure du repas allait sonner. Les hommes et les femmes se dirigèrent en bon ordre vers la rivière pour y prendre un bain, dans deux criques différentes.

Le gong sonna. Les hommes, puis les enfants et enfin les femmes allèrent prendre leur repas. Il y avait beaucoup de monde, beaucoup plus que ne le laissait soupçonner la faible étendue du village.

Les adultes et les jeunes semblaient en bonne santé. Ils étaient assez bien habillés.

Ce fut ensuite à notre tour de manger. Nous utilisâmes les assiettes abandonnées par nos prédécesseurs dans une cuvette d'eau chaude prévue à cet effet. On imagine la couleur et l'odeur de l'eau où avaient trempé des centaines d'assiettes ! Le riz, quant à lui, était placé au fur et à mesure de la cuisson sous des moustiquaires. Les femmes qui travaillaient à la cuisine étaient peu nombreuses et mal équipées pour le travail qui leur était demandé. Elles n'avaient que de petites marmites individuelles réquisitionnées au nom de la collecti visation auprès des familles du village.

Elles travaillaient dur du matin au soir.

Sortant de la cantine, je fus abordée par des garçons d'une vingtaine d'années. A en juger d'après leurs vêtements, ils étaient probablement des citadins évacués quatre ans plus tôt. Ils me toisèrent avec arrogance et m'assaillirent de questions.

— D'où venez-vous ? Depuis quand êtes-vous au Cambodge ? Qu'y faites-vous ? Où est votre mari ?

Derrière moi, des supérieurs guettaient mes réponses. Le président du village passa et dispersa tout le monde.

J'allai retrouver les vieilles dames, imaginant à travers elles une belle-mère que je ne connaissais pas. Nous discutâmes longtemps. Une des filles dit que la récolte promettait d'être très bonne après plusieurs années de vaches maigres. On s'attendait à une amélioration. Une fillette me montra la jupe et le chemisier que le parti venait de lui distribuer. Ils étaient gris clair, c'en était fini du noir et c'était tant mieux.

Elle allait à l'école de temps en temps. Personne ne se plaignait de son sort.

Une femme des cuisines vint à passer, d'un pas empressé. La vieille dame l'appela et lui parla de mes filles en termes très chaleureux. La femme les regarda, leur fit un clin d'œil et leur dit :

— Je vous garderai de la croûte de riz ! N'oubliez pas de venir me voir !

J'étais heureuse de ce contact humain. J'aimais les gens simples et je me sentais bien avec eux. Ils avaient acquis une grande sagesse. La campagne environnante était la plus belle de ce que j'avais vu au Cambodge. Dans ce village, la vie semblait s'écouler paisiblement au fil des moussons, pareille à elle-même depuis très longtemps.

Le lendemain, à l'heure du déjeuner, alors que je venais d'aller chercher mon assiette de riz et que je m'installais péniblement sur un banc pour y consommer mon repas, je vis soudain tous les gens de B1 bondir. D'instinct, je fis de même.

— Vite ! Vite ! par le chemin de derrière ! entendis-je. Je pris mes filles par la main et fis un rapide crochet pour saluer les vieilles dames qui avaient été si gentilles. Une fois encore je me trouvai à la queue d'un troupeau en fuite.

J'étais pieds nus et mes pieds réagissaient d'autant plus

douloureusement aux cailloux pointus qu'ils étaient enflés. Un aîné, le matin même, avait réquisitionné mes sandales sous prétexte que je n'en avais pas besoin. Lui-même avait abandonné les siennes lors de notre précédente fuite, pour courir plus vite.

Huor, une jeune mère, me prêta ses chaussures.

— Que se passe-t-il ? lui demandai-je.

— Les Vietnamiens arrivent à cheval. Ils savent que nous nous cachons dans le village...

Puis elle ajouta en baissant la voix :

— Le président du village a demandé à ses hommes de nous attaquer pour nous dévaliser nos ballots...

Elle ajouta enfin :

— On dit que c'est à cause de toi que les Vietnamiens savent !

A cause de moi ? Les Vietnamiens à cheval ?

Nous enfilâmes ensuite des kilomètres de digues, continuellement pressés d'aller plus vite parce que nous étions à découvert.

– Nous allons à Samlaut, disait la rumeur. La région y est sûre. D'ici à Samlaut, il y a environ quatre-vingts kilomètres. Dans trois, quatre ou cinq jours, nous y serons...

Le nom de Samlaut vient de l'adjectif *slaut* qui signifie doux, bon. Il résonnait agréablement à mes oreilles. Samlaut avait été une des bases révolutionnaires les plus anciennes. Les montagnes y sont, disait-on, pleines d'oiseaux. Je les entendais déjà chanter au milieu de fleurs multicolores. J'espérais encore retrouver Sikoeun. S'il n'était pas venu à Sisophon, il était certainement à Samlaut et je me réjouissais de nos retrouvailles.

En fin d'après-midi, nous nous dirigeâmes vers un village que Saê avait contacté pour nous nourrir et nous héberger. On parlait d'un cochon qui serait tué pour nous...

Nous nous y rendîmes comme un troupeau d'ânes guidés par la carotte. En guise de village, nous ne trouvâmes qu'une grange, en guise de cochon, il n'y eut rien du tout... Rien à manger, rien à boire.

Il n'y avait qu'une mare. L'eau était sale mais j'y entrai pour me laver et pour laver ma jupe. Mal m'en prit Il y avait des quantités effroyables de sangsues. Deux minutes après, j'en dénombrai une vingtaine accrochées à mes jambes.

La grange étant bondée quand j'y pénétrai, je m'allongeai en bordure et les fourmis m'attaquèrent. J'allai alors me réfugier sous les étoiles. Aussitôt, l'aîné — qui avait réquisitionné mes sandales — vint me harceler. Par mesure de sécurité, il fallait dormir sous le hangar, même s'il y avait des fourmis !

— Et si une bombe tombait dessus ? répondis-je en dissimulant mal ma colère. Et puis, redonnez-moi mes sandales !

C'est alors qu'une fillette vint me dire qu'elle avait vu l' « oncle » de mes enfants — Sikoeun — tout près d'ici.

— Je l'ai vu par là-bas, avec d'autres oncles. C'était bien lui ! me dit-elle d'un ton convaincu, heureuse d'apporter une bonne nouvelle. Il portait un fusil et il m'a souri !

Je me sentis réconfortée. Les autres « oncles » étaient peut-être les dirigeants. J'essayai de m'endormir en pensant que le lendemain tout irait mieux. Mais aussitôt une autre nouvelle éclata comme une bombe.

— Les Vietnamiens nous ont vus nous diriger sur Samlaut. La radio vient de l'annoncer. Ils ont lancé des blindés à notre poursuite. On les entend déjà !

En moins de temps qu'il ne faut pour le dire, tout le monde fut sur pied. Choeun confia les jeunes enfants à des jeunes filles solides et accepta de me décharger de la petite Soth.

— Sokha et Narén sont trop grandes, me dit-elle. Elles devront marcher seules.

Dehors, je découvris qu'un important détachement de l'armée venait de nous rejoindre. Il y avait également plusieurs milliers de jeunes ouvriers de Phnom Penh. Je cherchai Sikoeun des yeux, en vain.

— Nous allons marcher toute la nuit, déclara Mén.

Et nous partîmes, droit devant nous. Nous traversâmes une plaine marécageuse asséchée, couverte d'épineux. Les enfants avaient les pieds tellement meurtris que chaque pas les faisait gémir. Elles ne pouvaient avancer aussi vite que les combattants qui les bousculaient dans les broussailles et les insultaient.

La lune se leva, pleine et lumineuse comme un phare. Elle nous aida de tous ses rayons dans notre marche difficile. Je la regardai pour la remercier, elle me répondit avec un sourire mélancolique.

Après plusieurs kilomètres à travers cette plaine de malheur, on arriva sur une digue assez large pour le passage d'une charrette. Le sol était plus doux pour les pieds.

De chaque côté s'étendaient des rizières en friche. Pourquoi tant de terres abandonnées ? Pourquoi les paysans n'avaient-ils pas pu ou pas voulu les cultiver ?

Sans gémir, les enfants pressèrent le pas. Nous venions de rattraper les autres quand, à côté de nous, une jeune femme se laissa tomber au bas de la digue. Elle poussa un cri étouffé qui fut suivi d'un pleur d'enfant : elle venait d'accoucher. On appela le médecin, en vain. Elle était loin devant. On demanda à Mén de faire arrêter la colonne, il refusa.

Plus tard, il racontera avec fierté qu'il avait cru que c'était moi qui avais accouché !

Une jeune femme se dévoua pour assister la jeune mère, sans savoir comment il fallait s'y prendre. Deux combattants retournèrent à un bosquet que nous avions dépassé pour couper un arbre qui permette d'accrocher un hamac pour la transporter.

Les gens continuaient leur chemin, droit devant eux, en se bouchant les oreilles et en se fermant les yeux, pour ne rien entendre et ne rien voir.

Entre-temps, j'avais perdu mes filles une nouvelle fois. Je courus plus que je ne marchai pour les rattraper. Personne ne les avait vues. Nous étions des milliers cette nuit-là à défiler sur la digue. Je me sentis paniquée. J'avançai en jouant des coudes, je scrutai la foule noire qui avançait, inexorablement. De minute en minute, l'angoisse grandissait en moi. J'entendais mon cœur battre les cent coups et je ne réussissais pas à reprendre haleine.

Et si mon fils naissait subitement, comme l'enfant de tout à l'heure ? Mais je continuai de courir.

Un moment, je notai la présence étrange de deux grosses pierres au bas de la digue. C'était curieux, mais je ne m'attardai pas pour si peu. Je poursuivis quelque cinquante mètres sur ma lancée, puis, sans savoir pourquoi, je m'arrêtai et retournai sur mes pas.

Les deux masses sombres que j'avais prises pour de grosses pierres étaient mes filles. Epuisées, elles s'étaient assises pour m'attendre et s'étaient endormies, la tête entre les genoux, indifférentes au passage de la foule.

Il leur fallut beaucoup de temps pour se remettre sur leurs jambes Elles ne se plaignaient pas mais elles étaient à la limite de leur résistance. Nous reprîmes le chemin tout doucement et, une fois de plus, nous nous trouvâmes loin derrière tout le monde. Nous continuâmes sans savoir où nous allions.

Au milieu de la nuit, nous rejoignîmes le gros de la troupe au moment où les gens se relevaient d'une halte. J'en profitai pour *suggérer* à Mén l'aide de combattants pour porter mes filles. Il me regarda et pour toute réponse sourit légèrement. A la clarté de la lune, son sourire me parut plus dur que le plus dur des refus. Il me glaça d'effroi.

Ce fut un de ces moments que seuls les guerres ou les cauchemars peuvent créer, un moment où règne la loi de la jungle, où les amis n'existent plus, où les chefs écrasent les faibles.

J'envisageai de m'installer là jusqu'au matin, pensant rejoindre ensuite les vieilles dames du village, quand un vent de panique se leva de nouveau.

— Les Vietnamiens arrivent ! On entend les blindés !

Je tendis l'oreille mais le seul bourdonnement que je perçus était dû à l'épuisement. Et nous repartîmes dans la nuit la plus noire, la plus dure...

Nous bifurquâmes vers l'ouest, coupant à travers des plaines de rocaille et d'épines, d'anciennes rizières peut-être ? Puis nous enfilâmes de petites digues, tortueuses, à demi effondrées. Nous butions contre de grosses pierres, la marche se faisait toujours plus pénible.

Ma fille aînée avait les pieds en sang et la seconde fut prise de diarrhées qui la vidèrent complètement. Je les portai tour à tour. Régulièrement elles se faisaient tancer :

— Une grande fille, comme ça, se faire porter par une maman enceinte ! On n'a pas honte ?

Alors elles se débattaient pour descendre.

A un moment où je m'apprêtai à renoncer, Paên, un garçon du département de Sikoeun, pris de pitié, se chargea de Sokha. Sa gentillesse me réconforta et je continuai obstinément.

Nous atteignîmes alors un canal à demi asséché. Au mépris de la plus élémentaire des règles d'hygiène, tout le monde se précipita pour boire cette eau fourmillant à coup sûr de germes et de parasites. Pour retrouver un peu de forces... Le reste, on verrait plus tard...

Ensuite nous arrivâmes dans une zone aussi humide que la précédente était sèche.

Nous traversâmes quantité de ruisseaux, de cours d'eau et de petits canaux dont l'eau arrivait à mi-cuisse.

Je portais mes filles pour leur éviter de se mouiller, mais je finis par trébucher et je tombai dans l'eau glacée.

A trois heures, la plus mauvaise heure de la nuit, nous arrivâmes au bord d'un canal de près de cinq mètres de large, qui barrait notre route.

Impossible de le contourner. On commença à le traverser, un à un, à pied puis à la nage. Je m'assis pour prendre un peu de repos, je m'assoupis et me réveillai en sursaut. Narén avait disparu. Je regardai alentour. Peut-être était-elle allée faire pipi ?

La lune avait disparu et on ne voyait pas plus loin que ses pieds. Je confiai Sokha à Ri et partit à la recherche de ma fille en l'appelant de toutes mes forces. Pas de réponse. Avait-elle traversé sans me prévenir ? Je revins à mon point de départ. Ri et Sokha n'étaient plus là.

Quelqu'un me dit alors l'avoir vue partir avec un « oncle » de l'armée. Que faire ? J'étais perdue au milieu de la foule silencieuse et mouvante. J'aurais voulu crier son nom, mais plus aucun son ne sortait de ma gorge. Etait-elle encore de ce côté du canal ? Etait-elle... ?

Je m'engageai dans l'eau qui me monta jusqu'à la poitrine. Je scrutai l'étendue liquide noire comme encre. Mon Dieu ! implorai-je, pourvu qu'elle soit devant ! Pourvu qu'elle n'ait pas essayé de traverser seule !

Sortie du canal, je courus aussi vite que me le permettait

ma longue jupe mouillée. Je grelottai de peur autant que de froid. Sur la petite digue, il était impossible de marcher de front. Aussi, pour dépasser, étais-je continuellement obligée de descendre dans la rizière et de remonter au prix de grands efforts et de gros risques.

A quatre heures, je n'avais toujours rejoint aucune de mes filles.

— Cette nuit de cauchemar ne finira-t-elle donc jamais ? m'exclamai-je, au bord du découragement.

Du fond de moi, une voix me mit en garde contre les idées noires qui viennent toujours assaillir les cerveaux fatigués en fin de nuit. Pour avoir passé tant de nuits blanches au travail, j'avais appris à les connaître. Je bouchai alors mes oreilles aux sirènes du désespoir. J'appelai les minutes à s'écouler plus vite. Et je continuai à courir, descendre, monter.

Juste avant le lever du jour, nous débouchâmes sur une plaine marécageuse où les pieds s'enfonçaient à chaque pas d'une vingtaine de centimètres et je rejoignis enfin mes filles.

Elles se tenaient toutes les deux par la main et marchaient silencieusement, l'air grave.

Les retrouvailles, après tant d'angoisse, se passèrent en silence. L'aînée tourna vers moi un visage livide. La petite sœur lui serrait la main. Aucune de nous n'eut la force de parler.

Mén surgit :

— Arrêt !

Nous nous trouvions entre un canal et un versant abrupt, sur un passage de deux ou trois mètres de large, un sentier de boue, de cette boue si grasse qu'aucune herbe ne pousse.

Epuisés nous nous échouâmes dans la boue. J'enlevai mes sandales pour m'en faire un oreiller et je tendis mon bras pour que mes filles puissent y poser leurs têtes.

Quand j'ouvris les yeux, il ne s'était pas écoulé plus d'une heure. La lumière du jour était encore faible. Il me semblait revenir de très loin. La colonne s'était remise en marche. Quelqu'un en passant avait heurté mes jambes douloureuses. J'essayai de me relever mais j'hésitai à bouger mon bras. J'appelai mes filles qui ne se réveillèrent pas. Je les secouai, dégageai mon bras et les mis sur pied. Mais elles retombèrent comme des masses.

A côté d'elles, une jeune mère et son bébé dormaient encore profondément, les joues posées sur la boue. C'était à fendre le cœur.

Narén et Sokha finirent par se réveiller, mais, comprenant qu'il fallait repartir, elles retournèrent leurs visages contre la boue pour pleurer en silence. Elles refusèrent de se lever. Cette fois je n'arrivai plus à contenir mes larmes.

— Je n'en peux plus, dis-je.

Ri, qui passait, s'approcha et passa sa main sous mon bras en me chuchotant :

— Courage !

Deux autres femmes relevèrent Narén et Sokha qui se mirent à hurler.

Mue par on ne sait quelle force, la colonne s'était remise en marche et nous entraînait vers une destination inconnue. Nous nous engageâmes dans une sorte de vallon. Au bout de plusieurs kilomètres, quand le soleil commença à pomper l'eau de notre corps, certains démissionnèrent. Ils déclarèrent qu'ils ne voulaient plus suivre aveuglément les ordres du parti et qu'ils allaient retourner dans leur village, refaire leur vie.

Je ne savais plus où j'en étais. Je voulais parler à Sikoeun. Il ne devait pas être loin puisqu'on l'avait vu la veille. Je ne réussissais pas à comprendre la situation, moi qui quelques nuits plus tôt traduisais des articles chantant la victoire. Je savais seulement que j'étais dépassée par les événements et épuisée. Mes pensées n'arrivaient pas à se coordonner. Je marchais comme un automate, sans plus savoir pourquoi ni comment.

Quand du vallon nous débouchâmes sur une vaste plaine couverte d'herbes hautes, un mot courut la colonne :

— Après le deuxième bosquet, il y a un village. On s'y arrêtera et on fera à manger.

Aussi loin que nos yeux pouvaient voir, il n'y avait pas de bosquet. Cependant, devant la perspective du repas on continua d'avancer le plus vite possible pour ne pas être laissé pour compte. Nous marchions par petits groupes, égrenés sur des kilomètres, cachés par les hautes herbes. A chaque bifurcation, la direction à prendre était indiquée par une branche cassée ou de l'herbe piétinée.

Le premier bosquet n'apparut qu'à deux heures de l'après-midi et on n'atteignit le village qu'à quatre heures. Les premiers arrivés avaient pris position déjà, qui à l'ombre d'arbres rabougris, qui devant des paillotes. Dans ce village, il n'y avait pas âme qui vive. Seuls, une dizaine de poussins malingres et affolés couraient de tous côtés. Les paillotes étaient totalement vides. L'aire de battage semblait avoir été abandonnée précipitamment, en plein travail. Les silos étaient déjà à moitié remplis de la nouvelle récolte. Les habitants s'étaient enfuis. Pour fuir les Vietnamiens ?

On pila du riz pour le faire cuire, sans toucher aux réserves. L'habitude d'une vie de cueillette nous fut un sérieux avantage. Sin, par exemple, réussit avec des herbes cueillies ici et là à préparer une excellente soupe. Certains attrapèrent à la main des petits poissons dans la mare, d'autres tirèrent des moineaux. C'étaient de maigres proies, mais elles firent un festin.

Paên trouva une graine qui donne un goût fort sucré à l'eau. Il prépara une gourde et la donna aux fillettes.

Tout le monde vaquait à des occupations diverses et bavardait avec le plus grand naturel.

Mais pour moi, tout prenait une dimension nouvelle. Je me sentais cruellement incapable de vivre ce genre de vie. Je ne pouvais pas m'assumer et je ne pouvais pas non plus compter sur les autres : chacun en avait bien assez de soi-même !

Dans ce petit village, que je n'aurais pu situer sur une carte, séparé du monde par des kilomètres de friches, de rocailles et de marais, perdu dans le désert et déserté, j'avais franchi le point de non-retour. Pourtant, il me fallait aller plus loin.

Narén et Sokha s'endormirent sur le sol. Je changeai de place pour leur procurer un peu d'ombre. Leurs pieds faisaient peine à voir. Leurs vêtements étaient déchirés et couverts de boue. De grands cernes descendaient profondément sur leurs joues pâles.

Pourtant, mon bonheur était immense de nous voir ensemble.

*

Juste avant la tombée de la nuit, ordre fut donné de repartir. Personne ne posa de question car ce village déserté n'inspirait guère confiance.

Nous gagnâmes une plaine couverte d'herbes à éléphant plus hautes que nous. Puis nous traversâmes un petit bois avant de déboucher sur une autre plaine.

C'était la nuit noire. Nous trébuchions sur les pierres et dans les trous. Je tombais plusieurs fois. Mes jambes étaient si enflées, si lourdes qu'elles n'avaient plus ni sensibilité ni réflexe. Spontanément, Narén marcha devant moi et m'indiqua patiemment toutes les embûches. De plus, Paên et Hom, bien qu'ils dussent porter l'encombrant matériel de cuisine, décidèrent de rester près de moi. D'un coup je me sentis des ailes.

Derrière les marcheurs, la lune se leva enfin, doucement. Elle apparut énorme et rouge comme un soleil couchant et embrasa le bois d'une auréole pourpre.

Un vent de panique, une nouvelle fois, secoua la colonne.

— Un incendie ! Un incendie ! Ils ont allumé un incendie !

La lune baigna bientôt la terre de sa clarté. Nous marchions toujours à travers plaines et bois.

Quand nous rencontrâmes enfin une meule d'herbes sèches, il fut décidé de s'y installer pour la nuit. Les plus avertis s'étendirent à l'ouest, côté réputé plus chaud la nuit et moins humide à l'aube.

Je rassemblai quelques gerbes d'herbe sèche pour les étaler sur le sol et nous en couvrir. Mais l'herbe grattait et coupait la peau. C'était intenable. Mes filles, l'une après l'autre, furent prises de diarrhées. Au moment où le sommeil allait venir à bout de nos misères, la rosée du matin commença à perler et nous grelottâmes de froid.

Nous levâmes le camp de bonne heure pour marcher jusqu'au moment où le soleil atteignit le zénith. Le temps de faire cuire un bouillon de riz et de l'ingurgiter, et nous repartîmes. Personne ne pouvait dire où nous allions ainsi. De temps à autre, l'un ou l'autre aîné faisait une brève apparition, mais il se gardait bien de répondre à notre curiosité pour la sempiternelle raison que le secret est gage de succès.

Manger du bouillon de riz posait de sérieux problèmes, car il manquait d'assiettes et de cuillères, et ceux qui ne s'étaient pas séparés de ces précieux ustensiles n'aimaient pas beaucoup les prêter.

Une âme généreuse me confia le couvercle creux d'une gamelle. Je dus attendre un long moment pour le voir rempli de bouillon et je le portai ensuite vivement aux trois fillettes. Le bouillon était trop chaud et quand elles réussirent enfin à le boire, la marmite était vide ! Pour les centaines de personnes que nous étions, il n'y avait que quelques marmites qu'il fallait faire bouillir à plusieurs reprises.

Quand on nous donna le signal du départ, Narén, Sokha et Soth avaient réussi à boire quelques gorgées. Moi, je n'avais rien pris.

Nous marchâmes ensuite jusqu'au milieu de la nuit, profitant du clair de lune et de la fraîcheur de la nuit. Nous reprîmes le matin de très bonne heure jusqu'à midi, l'heure où le soleil devient si chaud que la terre brûle les pieds à vif. C'est également l'heure où sortent les avions de reconnaissance !

On en profita pour prendre l'unique repas de la journée, avant de repartir toujours droit devant soi, sans jamais rencontrer ni village ni âme qui vive.

Les plus forts, qui pouvaient porter les sacs, mangeaient du riz. Les autres n'avaient que du bouillon ou de l'eau. La différence pouvait sembler très faible mais elle marquait la distance entre la vie et la mort. Pour ceux qui étaient en haut de l'échelle, cette marche s'assimilait à une aventure. Ceux qui étaient en bas devaient repousser à chaque pas la limite de l'épuisement total.

Un soir, nous arrivâmes dans un village composé d'une rangée de belles paillotes pour la plupart nouvellement construites. Elles étaient vastes et propres. Adossées à la forêt, elles donnaient sur une vaste clairière où étaient aménagés un terrain de volley-ball ainsi qu'un potager soigné et varié qui ne semblait pas avoir souffert de la sécheresse. Plusieurs jetées s'avançaient dans un étang. Plus loin, il y avait un silo de riz à demi plein, bien protégé contre les rats et, dans un abri qui devait faire office de cuisine, deux chaudrons comme ceux que nous utilisions à Phnom Penh étaient remplis de riz cuit.

Ce petit coin de vie, organisé dans la forêt à mille lieues des terres habitées, était surprenant à plus d'un égard. Il ne pouvait s'agir d'une communauté paysanne, ce n'était pas leur manière de vivre. Ni d'une brigade mobile, il n'y avait pas de chantier alentour.

La question se posait une fois encore : les habitants avaient-ils fui les Vietnamiens, comme le prétendaient les chefs, ou nous fuyaient-ils ?

Nous prîmes soin des légumes. Nous fîmes cuire du riz. Les riches propriétaires d'une assiette purent même manger de la soupe. Nous taillâmes des cuillères dans du bois. Nous fîmes notre toilette. En l'espace d'une journée, nous refîmes nos forces.

Des paysans se joignirent à nous. Ils se présentèrent comme de farouches partisans traqués par l'ennemi. Mén les accepta.

Choeun, à l'écart, s'occupait d'un groupe d'« hôtes » qui devait être entouré du plus grand secret : il ne fallait pas essayer de s'en approcher ni de les voir.

En fin d'après-midi, Hong vint nous rejoindre. Comment avait-il su que nous étions là ? Il pouffa de rire en nous demandant ce qui nous avait pris de quitter précipitamment la grange.

— Saê était partie alentour à la recherche de villages d'accueil, nous dit-il. Quand elle est revenue, plus personne ! Vous vous étiez envolés comme une volée de moineaux. Il n'y a jamais eu d'alerte de blindés vietnamiens...

Puis il ajouta :

— J'ai une bonne nouvelle : demain, nous retournons à la cocoteraie.

Tout le monde sauta de joie. Chacun imagina qu'il allait retrouver son ballot et y récupérer qui une jupe neuve, qui un couteau, qui une boîte de lait et du sucre. Les conciliabules se prolongèrent très tard dans la nuit et, dans l'excitation, on fit cuire un chaudron supplémentaire de riz blanc : il fallait fêter la bonne nouvelle !

Que l'histoire des blindés à nos trousses, sur les digues, fût une machination cruelle, je n'en doutais pas. Mais cette histoire de retourner à Sisophon ne semblait guère crédible.

L'enthousiasme dura le temps d'un feu de paille, comme une accalmie au milieu d'un cauchemar. A peine venions-nous de nous coucher — il était deux heures du matin — que Hong arriva de nouveau et nous chuchota :

— Les Vietnamiens arrivent ! Il faut partir immédiatement et sans bruit par la forêt.

En un clin d'œil et dans le silence le plus total, tout le monde quitta les lieux et prit un petit chemin de forêt qu'il fallut ouvrir à la machette. L'opération prit beaucoup de temps et nous restâmes tous bloqués en attendant que le passage fût frayé. Si les Vietnamiens — ou d'autres — avaient voulu, ils nous auraient pris comme des rats.

Au lever du soleil, nous n'étions qu'à quelques kilomètres du village, avançant pas à pas.

Nous nous dirigions toujours vers l'ouest. Pour qui avait quelques notions géographiques, il devenait évident que nous n'allions plus vers Samlaut mais vers la frontière thaïlandaise.

Depuis le temps que nous cassions du sucre sur nos voisins, il fallait vraiment que la situation fût mauvaise pour que fût envisagée l'éventualité d'un refuge en Thaïlande ! Et depuis le temps que nous sillonnions la campagne, il devenait évident que nous fuyions les paysans et que nous les faisions fuir ! Quelle drôle de guerre, décidément !

Au fil des jours et des épreuves, je me rendais compte que, dans le langage khmer rouge, *contrôler totalement le pays* signifiait administrer une capitale vide de sa population, *avoir le soutien du peuple unanime* signifiait rassembler autour de soi quelques cadres douteux et arrivistes. Les récoltes miraculeuses tenaient dans un mouchoir de poche. Le bonheur du peuple restait un vœu pieux, et les jardins de culture un joli rêve.

12

Maintenant, j'étais contente d'aller vers la Thaïlande. Je me mis à chanter pour aider mes filles à marcher. Le soleil se fit alors moins dur et le chemin moins long, les pieds moins douloureux.

Toutes les trois, tous les quatre, aurait dit Narén, nous marchions sur le même rythme, unies de cœur sur une même chanson qui célébrait un monde frais et merveilleux, couvert de jardins, sillonné de canaux et peuplé de cœurs purs.

Ce jour-là, pour la halte de la mi-journée, nous poussâmes jusqu'au point d'eau. Nous y rencontrâmes les épouses de Khieu Samphan et de Hong qui avaient accouché deux et quatre jours avant l'évacuation. Elles avaient été acheminées en carriole, ce qui prouvait qu'il existait d'autres voies que celles que nous avions prises.

Sur le bord de l'étang, il y avait de grosses coquilles de moules d'eau qui firent des cuillères inespérées. La vie s'organisa par petits groupes dans la tentative de mieux répartir les provisions de bouche. Les trois fillettes eurent quelques grains de riz dans leur bouillon. Quant à moi, j'avalai mes premières gorgées après deux jours entiers de jeûne.

Les petites filles me racontèrent des choses entendues çà et là, d'un air très grave. C'est ainsi que j'appris que les « oncles secrets » étaient dissimulés dans un bosquet d'arbres. Toujours convaincue que Sikoeun se trouvait parmi eux, je me dirigeai dans la direction qu'elles m'indiquèrent. Le lieu était fermement gardé et, pour me dissuader d'approcher plus, Choeun m'offrit une grosse boule de riz blanc, bien tassée, emballée dans un mouchoir. C'était bon à prendre !

On me dit que personne n'avait vu Sikoeun. On ne savait strictement rien à son sujet. On ignorait s'il avait pu quitter Phnom Penh.

Je revins auprès de mes filles et le signal du départ allait être donné quand, soudain, de l'autre côté du chemin, une mitraillette ouvrit le feu. Je m'allongeai sur mes enfants pour protéger leurs têtes tout en essayant de ménager mon bébé.

— C'en est fini ! pensai-je. Nous avons été encerclés pendant cette longue halte et nous n'avons pas d'issue. Nous allons tous y passer.

La fusillade s'amplifia. Prise de panique, Sokha se dégagea et fila dans les broussailles tandis que des balles se fichaient dans le sol, sous ses pieds et entre ses jambes, en faisant voler la terre tout à l'entour. Profitant de ma surprise, Narén et Soth filèrent à leur tour, rapides comme l'éclair. Je me relevai et pris le même chemin qu'elles. Je les rattrapai rapidement. En face de nous, les bambous sauvages formaient une barrière infranchissable.

— Par là ! leur dis-je.

Un peu plus loin, nous nous heurtâmes de nouveau à un mur de bambous. La fusillade s'était arrêtée. Le silence était retombé. Je restai immobile, l'oreille aux aguets. Comme il ne se produisait rien de nouveau, Sokha, blême et encore tremblante, leva les yeux vers moi et me demanda d'un ton suppliant :

— Est-ce que je peux faire pipi ?

Je ne retournai pas sur les lieux de l'accrochage où l'on était déjà en train de fouiller les témoins. Apercevant Choeun qui se glissait entre les arbres suivie de ses « hôtes », je pris mes filles par la main et me mêlai à eux pour échapper aux contrôles, fouilles, interrogatoires et autres tracasseries qui ne manqueraient pas de s'ensuivre.

Un barrage était déjà établi. Je pris soin de me joindre aux cuisinières, en fin de peloton, pour ne pas voir ce qui ne devait pas être vu. Un combattant me mit en garde : les soldats qui ouvraient la marche imposeraient une allure soutenue. Je le rassurai, il me laissa passer.

Les cuisinières en savaient déjà long sur ce qui venait de se produire. Il y avait un tué et trois blessés graves. Les paysans, soi-disant fidèles, avaient profité du sommeil d'un combattant pour s'emparer d'un fusil et tirer à bout portant.

L'un d'eux avait été pris et fusillé immédiatement, un autre avait pris la fuite.

Nous marchâmes en file indienne, à un train de chasseur, répétant régulièrement les directives venues de la tête :

— Les bas-côtés sont minés, marchez bien au centre, défense absolue d'aller faire pipi !

Les oreilles encore assourdies par la fusillade, le cœur en émoi, nous avancions, l'esprit concentré sur le chemin à suivre qui zigzaguait entre les mines, quand soudain, boum !

Tout le monde resta figé sur place. Je sautai sur les enfants pour les empêcher de courir vers les bas-côtés. Puis des éclats de rire fusèrent à la queue de la colonne. A mon tour je ris devant la cause de notre frayeur : tenue par deux cuisinières, la branche portant la grosse marmite de riz déjà cuit avait cassé et la marmite était tombée, résonnant comme une mine, sans se renverser !

Personne ne s'attarda. L'heure avançait, la nuit allait nous envelopper et rendre notre progression de plus en plus périlleuse. Les marcheurs accélérèrent le pas. Les enfants suivirent sans mot dire. Quand nous sortîmes de la forêt, la lune éclairait déjà la plaine. Nous entrâmes dans les herbes hautes. Sous nos pieds, nous sentions les sillons d'un ancien labour. Encore un champ abandonné depuis longtemps !

Chacun s'allongea en essayant de se caler entre les mottes de terre dures comme de la pierre.

Avec les premiers arrivants du reste de l'unité, nous apprîmes que les trois blessés avaient succombé à leurs blessures. Hom était un bon gars de la paysannerie, simple, honnête et travailleur. Ra était un de mes meilleurs élèves de dactylographie anglaise. Il était sérieux, intelligent et excellait en tout. Quant à Yoeun et Him, je les connaissais bien également et je les avais beaucoup appréciées. Elles avaient l'une et l'autre l'expression triste des enfants de paysans très pauvres, mais elles savaient être gaies et aimaient à raconter des histoires désopilantes...

Tous avaient entre dix-neuf et vingt-deux ans.

Ce soir-là, je ne trouvai pas le sommeil. La mort était toute proche. Elle venait de prendre, aujourd'hui, quatre jeunes, qui prendrait-elle demain ? Je me vis petit fêtu de paille, emporté par le courant. Je n'avais plus aucune prise sur mon destin. J'étais incapable de décider ni de faire un choix. A l'aube, il me faudrait partir encore, marcher en attendant que mort s'ensuive, ou quoi d'autre encore ?

Le lendemain matin, une émission nationale captée sur un transistor parlait de victoires çà et là. J'espérai, en vain, entendre une émission en langue étrangère. Qu'étaient devenus ceux qui étaient restés pour porter le flambeau de la guerre des ondes ? Je pensai que j'étais peut-être veuve, que mon enfant ne connaîtrait jamais son père.

Puis la radio diffusa, comme à l'ordinaire, l'hymne national. On aurait pu le reprendre en chœur, pour les morts de la veille. Mais tout le monde resta muet. La possible présence d'ennemis alentour nous paralysait.

Nous reprîmes notre marche dans la direction ouest-nord-ouest. Les plus jeunes étaient toujours en tête suivis de la longue procession des femmes portant leurs enfants. Je restais souvent en queue, marchant au rythme de mes filles. La file s'allongeait sur des kilomètres. La direction à suivre se transmettait de bouche à oreille. Nous avions des indications du genre : après la touffe de bambous, prendre la plaine en travers, abandonner le chemin au troisième coude sur la droite et aller droit vers l'ouest en passant par-dessus l'enclos...

Ces directives se déformaient au fur et à mesure qu'elles étaient transmises et nous étions amenés à prendre des chemins au hasard. Chose extraordinaire, nous nous retrouvions toujours !

Comme nous approchions du massif montagneux, les conditions de survie empirèrent. L'eau devint rare. Il nous arriva ainsi de rester toute une journée non seulement sans manger mais de surcroît sans boire, sous un soleil torride. Ce fut atroce. La fraîcheur de la nuit calma momentanément notre soif, mais, le lendemain, le soleil redoubla d'ardeur sur nos corps épuisés. Contre lui, nous n'avions que la détermination de tenir, tenir à tout prix. Nous avancions en titubant sur les petites digues étroites et tortueuses. Les enfants faisaient preuve d'un courage inouï. Ils luttaient en silence.

En plein midi, mes filles se plaignirent pour la première fois de voir des ombres passer devant leurs yeux, comme des arbres. Ce n'est qu'à la fin du deuxième jour qu'en humant l'air nous le sentîmes chargé d'eau et de fraîcheur. Nous reprîmes courage. Au bout du chemin, il y avait des rizières nouvellement repiquées et une retenue d'eau. L'apparition des tâches de verdure tendre nous procura une grande douceur et nous remit de notre fatigue. Notre repas se composa d'eau !

Nous ne comptions plus depuis longtemps les jours où nous ne nous étions pas lavés.

Le soir, Mân-à-la-jambe-de-bois nous rejoignit sur une charrette à bœuf. Il promit une distribution de riz pour le lendemain, mais il ajouta qu'il faudrait ensuite faire une longue étape de deux jours, peut-être trois, sans eau ni nourriture.

Les premiers qui virent arriver la charrette apportant le riz se précipitèrent vers elle en traversant, sur un petit tronc d'arbre, un vallon escarpé. J'arrivai trop tard.

Les enfants souffrirent alors énormément. Leurs jambes ne pouvaient plus avancer. Elles auraient voulu pleurer en marchant, mais elles n'en avaient plus la force. Plus elles peinaient, plus l'effort était dur. Elles ne voulaient plus m'entendre.

— Si on continue à ce rythme-là, dans cinq jours on ne sera pas encore arrivés ! railla le chef.

Le lendemain matin, qui devait être le dernier jour de cette longue marche, les filles refusèrent de partir. Je leur parlai, en vain. Tout le monde était parti et je paniquai. Personne n'avait proposé de leur tenir au moins la main, à défaut de les porter.

Alors que je désespérai de la situation, Ri, qui s'était attardée à la recherche de plantes médicinales, vint nous porter secours. Très généreusement, elle sortit de son ballot un paquet de sucre et en offrit une cuillerée à chaque enfant. Elles la gardèrent longtemps dans la bouche puis, sans un mot, se levèrent.

Le soleil nous accablait de nouveau quand nous rencontrâmes des jeunes d'une brigade mobile qui transportaient de l'eau.

— Il y a un barrage à cinq kilomètres derrière nous, nous dirent-ils. Nous ne sûmes pas pourquoi ils allaient si loin avec cette eau. Très gentiment, ils nous en offrirent. Pour moi, ils prirent la figure de la providence qui s'incarne pour porter secours aux désespérés.

Ces cinq kilomètres étaient peut-être dix. Nous marchâmes encore très longtemps avant d'arriver au barrage « Révolution ». Mais nous eûmes le réconfort de replonger dans le monde des humains. Nous rencontrâmes des gens qui avaient évacué Nimit, un petit bourg situé en retrait de la route numéro cinq. Ils avaient tenté de prendre de vitesse l'avancée vietnamienne afin de moissonner le riz et de le mettre en lieu sûr. De mémoire d'homme, la moisson n'avait jamais été aussi belle dans cette région.

La digue retenait un vaste plan d'eau où se baignaient des buffles. Sur le bord, des groupes de gens discutaient. J'eus l'impression de revenir sur terre après un voyage en enfer.

Puis un camion envoyé par Ny Kân nous amena à Mâk Hoeun, la base de son quartier général. Il y avait foule. Plusieurs équipes de femmes préparaient à manger du matin au soir pour ravitailler l'armée. Kân donna des instructions pour que tout le monde puisse manger à sa faim, dans des assiettes et avec des cuillères ! Ce fut un festin royal ! Chacun put également se laver et la plantation de canne à sucre fut ouverte à tous.

Sur une carte d'état-major, Kân nous montra le chemin parcouru :

— A vol d'oiseau, vous avez franchi cent vingt kilomètres, dit-il. En réalité vous avez dû en faire le double, ajouta-t-il en traçant du doigt un parcours en zigzag.

Je fis ouf ! J'allais maintenant pouvoir accoucher en paix. Depuis vingt-trois jours et vingt-trois nuits, j'allais par monts et par vaux, sous le soleil torride et dans la nuit glacée, à travers les balles, entre les mines. Il me restait pour tout bagage un malheureux paquet de photographies mais j'étais heureuse de nous voir entières et de ne plus redouter le pire pour le bébé.

Je passai la nuit dans une paillote, un vrai confort, même si les souris et les rats, dérangés dans leurs habitudes, couraient sur nos jambes et nos bras...

Kân décida de garder avec lui tous les jeunes capables de servir d'une manière ou d'une autre dans l'armée et d'envoyer les femmes et leurs bébés, ainsi que les jeunes élèves, à Boeng Béng, dans le Phnom Malay. Cette partie du voyage se fit en camion.

Boeng Béng était une base arrière utilisée par les guérilleros du parti communiste thaïlandais. A l'entrée, ils avaient construit une cuisine, des abris, des dortoirs et un hangar. Plus en retrait par rapport à la piste, il y avait un hôpital, une nouvelle cuisine et un autre dortoir. Un grand bassin avait été creusé. Du tabac poussait entre les arbres. Des poules, un coq et deux cochons évoluaient près de l'hôpital. Une nichée de chiens parcourait les lieux. Dans une sorte de remise étaient entreposées un grand nombre de peaux de serpent.

Notre groupe occupa l'hôpital qui, selon toute vraisemblance, venait d'être évacué. J'élus domicile sous un acajou. J'étalai des herbes, pour mes filles et moi, entre deux racines. Le sol était plat et l'espace juste à notre dimension.

La vie s'organisa très vite. On plaça tous les enfants sans parents, dont la petite Soth, sous la garde de plusieurs jeunes femmes. On organisa le ravitaillement en eau, les tours de rôle pour la cuisine et les rondes de nuit contre les tigres et autres rôdeurs. Yôm et sa femme, un vieux couple d'artisans arrivés à B1 quelques mois avant la fin, très experts en médecine traditionnelle, inspectèrent les lieux pour recueillir des écorces, des feuilles et des racines médicinales.

Toutes les femmes et jeunes filles se réjouirent que mon bébé ait supporté tant d'épreuves. Nombreuses furent celles qui, fouillant le fond de leur ballot, y dénichèrent un bout de tissu, une aiguille et du fil. Je pus ainsi coudre très rapidement de petits vêtements.

Sous l'auvent qui nous tenait lieu de cuisine, on aménagea

vivement une couchette surélevée qui, selon la coutume, devait servir aux accouchements. Elle était d'autant plus nécessaire que presque toutes les femmes étaient enceintes. Il était prévu que notre installation en ce lieu durerait un certain temps.

Malgré une forte dysenterie qui, nuit après nuit, me vida, j'attendis l'événement avec calme. Une nuit, un orage éclata. C'était le premier depuis notre départ de Phnom Penh. Il nous prit au dépourvu. Celles qui avaient pris place dans l'hôpital ne furent pas dérangées, je me réfugiai quant à moi sous l'auvent de la cuisine. Par manque de chance il était percé. Comme il pleuvait à seaux, notre seule ressource fut de nous asseoir sur nos vêtements pour les protéger en attendant que la pluie cesse.

Cheat, qui avait pris la tête du groupe, décida de couvrir l'auvent. Le soir même, j'eus les premières douleurs. J'estimai, compte tenu de l'intensité des contractions et du long passé de marche, que le bébé ne tarderait pas à naître. Je décidai néanmoins d'attendre le dernier moment pour prévenir, heureuse d'être seule dans la nuit pour lutter. Les rondes se succédèrent. Le coq chanta une première fois, puis une deuxième fois. Je voulus encore attendre.

Quand le coq chanta la troisième fois et que les femmes vinrent allumer du feu pour préparer le bouillon de leurs bébés, je faisais encore les cent pas. Ying, le médecin, me regarda et comprit. Elle se leva d'un bond pendant que j'essayais de courir pour rejoindre ma couchette. Dans la minute qui suivit, un rideau fut suspendu pour fermer l'endroit. L'accoucheuse, une jeune femme de dix-neuf ans, était là avec une petite lampe à essence, et l'enfant arriva.

C'était un garçon qui ne devait pas peser moins de trois kilogrammes et dont le premier réflexe fut de sucer mon talon. Ma fille aînée, qui avait suivi l'accouchement en soulevant un coin du rideau, s'exclama : « Comme il est mignon ! »

Le médecin et l'accoucheuse prodiguèrent les soins en fonction de leurs moyens et des coutumes qui consistent notamment, pour évacuer le placenta, à triturer et battre la peau du ventre d'une manière qui ne manque pas de surprendre. Je m'étais déchirée, mais, comme il n'y avait rien pour recoudre, on laissa faire le temps.

L'enfant était véritablement très beau. Son front légèrement dégarni lui donnait un air de sagesse. De jolis petits cheveux, couleur d'ébène, lui garnissaient la nuque et tombaient dans son cou. Il avait de grands yeux et une bouche finement dessinée. Dans son sommeil, il souriait souvent et allait jusqu'à rire d'un gros rire de garçon.

La nouvelle de la naissance de l'enfant se répandit rapidement et les visites furent nombreuses. On s'accorda à le trouver magnifique. On proposa des prénoms. Je choisis de l'appeler Béng, du nom du lieu et du nom de l'arbre qui y pousse en grand nombre : un arbre fort et droit, à l'écorce lisse, l'acajou. « Mon fils sera fort et droit, son esprit et son cœur seront purs et précieux comme l'essence de l'acajou. »

Nous étions le 17 février 1979.

De Mâk Hoeun, Kân envoya un chargement spécial de ravitaillement avec viande, riz, légumes, sucre, noix de coco. On me prépara un bon repas, on trouva du tissu pour faire des couches. On m'amena de l'eau qu'on fit tiédir pour que je me lave à l'aise. De son côté, le vieux couple parcourut la montagne toute la journée pour me trouver les trois éléments indispensables pour une bonne décoction : la liane « reconnaissante », l'écorce de l'« arbre de feu » ainsi qu'une racine assez rare dans cette contrée. Pour m'épargner tout effort, on emporta mon linge et celui de l'enfant deux fois par jour pour le laver à un ruisseau frontalier qui coulait à plus de cinq kilomètres de là.

Derrière le bonheur d'avoir un fils, d'être bien entourée et chaleureusement soutenue, je commençai cependant à voir le spectre de la mort une nouvelle fois : mon lait ne montait pas ! Comment l'enfant allait-il survivre ?

Les femmes qui allaitaient vinrent se proposer toutes les fois que le bébé criait. On me prépara des décoctions si âcres qu'elles m'arrachaient un cri quand je les buvais. Sim, la femme de Yôm, me fit des massages traditionnels. Tous ces efforts furent enfin couronnés de succès : le lait monta.

Béng était doux et il ressemblait à un ange bleu venu de l'au-delà. Je ne me lassais pas de le regarder. Je lui disais en silence que je l'aimais et Narén l'entourait de toute sa tendresse. Elle s'arrangeait pour prendre les couches souillées en disant :

— Les couches du petit Béng, j'aime les laver.

Huit jours après la naissance, nous reçûmes pour la première fois des nouvelles de l'extérieur. On apprit ainsi que la république avait été proclamée à Phnom Penh, après notre départ.

— Et Sikoeun ? demandai-je.

— Il vient de nous rejoindre dans une base peu éloignée d'ici. Il va bien. Le groupe est au complet !

Puis, très vite, les conditions de vie à Boeng Béng s'aggravèrent jusqu'à devenir précaires. Le riz vint à manquer, le bassin s'assécha. Nous n'avions plus de sel et, dans cette forêt millénaire, il n'y avait rien à manger. Dix kilomètres à la ronde, il n'y avait pas un légume ni une racine de manioc ou d'igname. Angkar, comme on appelait à nouveau la direction, nous envoya une paire de bœufs pour aller chercher de l'eau au ruisseau et nous fit parvenir également un peu de sel ainsi qu'un sévère avertissement : en tant que base arrière, nous ne pouvions prétendre à être ravitaillés mais devions au contraire apporter notre contribution au ravitaillement de l'armée.

Nous nous mîmes à explorer toutes les possibilités. Nous aurions pu défricher un morceau de forêt mais nous n'avions pas d'instruments.

On fouilla le lit du ruisseau pour trouver trois douzaines d'un petit coquillage plat qu'on partagea entre plus de cent cinquante bouches. Puis on en vint à se nourrir de jeunes feuilles d'arbre. Ce n'était pas sans danger, car des cas d'empoisonnement avaient été signalés.

Un jour, nous attrapâmes un chiot et nous le fîmes rôtir. Un vrai festin ! Les autres chiots, la chienne puis le gros chien y passèrent également !

Les femmes, pour défricher, furent contraintes d'utiliser le feu. Toutes les nuits, nous entendions gronder le canon.

Notre situation était difficile mais nous ne nous sentions pas le droit de nous plaindre.

— Quand nous aurons pris Nimit, disait Hong, nous irons là-bas et nous y vivrons bien.

Je n'avais jamais entendu parler de Nimit lorsque je traduisais les émissions, il était donc exclu que ce fût un bourg important, à plus forte raison un point stratégique. Alors, pourquoi l'armée ne le prenait-elle pas plus rapidement ? Que se passait-il exactement ? Venant du front, Sin assura que le poste tomberait dans les cinq jours. Un peu plus tard, Saê en donna huit. Mais les nuits passèrent, toujours bercées par les coups de canon, et Nimit ne tombait pas.

La chaleur de la saison sèche augmentant de jour en jour, les bœufs, eux aussi sous-alimentés, s'épuisèrent vite et ne firent bientôt plus qu'un voyage par jour. Un matin, l'un d'eux quitta le chemin pour brouter quelques herbes et sauta sur une mine. Ce fut une perte immense car l'apport de viande ne pouvait compenser le ravitaillement en eau.

Le soir même, nous vîmes arriver un camion. Tout le monde se précipita à sa rencontre, car il représentait notre seul lien avec le monde. En plus des nouvelles, il apportait souvent du ravitaillement.

Hélas, il n'apportait qu'un peu de viande d'éléphant et des jaques verts, et il emporta la dépouille du bœuf !

Force fut de constater que le groupe ne parvenait pas à subvenir à ses propres besoins et que la situation interne s'aggravait. Deux enfants moururent après leur hospitalisation dans un dispensaire de campagne. Les cas de dysenterie se multiplièrent. Des coqueluches se déclarèrent. Une épidémie de scarlatine éclata. Une fausse couche se produisit. Yôm et sa femme parcouraient chaque jour des dizaines de kilomètres, au risque de tomber sur une mine, pour trouver les écorces ou les racines salvatrices, mais la forêt de Phnom Malay était avare de plantes médicinales ou en abritaient certaines très différentes de celles qu'ils connaissaient.

Il fut alors décidé d'envoyer les femmes avec un bébé de plus de douze mois ou une grossesse de moins de six mois, donc qui pouvaient travailler, dans une coopérative de Sala Krao, dans le Sud, et de rassembler les autres à Païlin.

Les départs s'échelonnèrent sur plusieurs jours. Dans le souci de me ménager, on me réserva pour le dernier voyage.

Bien que de santé très résistante, je succombai finalement aux assauts de la maladie et, la veille de mon départ, je fis ma première crise de paludisme. Tout l'après-midi, dans un semi-délire, je demandai à voir Sikoeun, puisqu'il n'était pas loin. Je voulais le rejoindre.

Je ne pouvais plus supporter une telle vie. Je représentais une charge trop lourde pour la communauté. Je ne réussissais pas à m'assumer. Il fallait trouver une solution.

Le médecin et la responsable m'assurèrent qu'en arrivant à Païlin elles feraient le nécessaire pour m'envoyer auprès des hautes autorités. De plus, Huor, celle qui m'avait si gentiment prêté ses sandales, resta près de moi pour nourrir mon fils avec son lait.

Pour gagner Païlin, nous fîmes une journée de camion, pour cent kilomètres de distance ! On imagine l'état des pistes ! A chaque instant, le camion sautait sur des trous et projetait ses passagères les unes sur les autres. Les branches d'arbre nous frappaient le dos et le visage, les bambous arrachaient nos vêtements. Le camion à maintes reprises s'aventura sur des pentes abruptes et franchit de précaires passerelles de troncs d'arbres. Ce fut notamment le cas à un endroit nommé « la chute du Français ». L'épreuve fut dure !

Ce voyage aurait pu sans aucun doute présenter un aspect plaisant, mais j'étais bien trop faible pour l'apprécier. En arrivant à Païlin, la nuit, je délirai de nouveau. Le médecin s'installa près de moi et Voeun, la nouvelle responsable, ne me quitta pas. Quand je revins à moi, le lendemain soir, beaucoup de monde m'entourait. Voeun avait eu très peur, elle craignait que dans mon état la fièvre me fût fatale. Elle avait envoyé un messager prévenir Sikoeun du danger qui me menaçait et lui demander de venir immédiatement à mon chevet.

Sikoeun prétexta un travail de la plus haute importance, je n'en fus pas autrement surprise ni blessée. Je puisai un immense réconfort dans l'attitude de Voeun et des autres compagnes. On me trouva du lait en boîte, on me prépara des pains dorés faits de manioc écrasé et de noix de coco.

Chacune m'offrait sa ration de viande. Leur générosité et leur solidarité dans la détresse furent merveilleuses.

A Païlin, on avait le privilège d'avoir de l'eau sur le pas de la porte et de dormir dans une maison de pierre, mais le ravitaillement était encore plus difficile qu'à Boeng Béng et l'éloignement encore plus grand. Nous eûmes tôt fait de venir à bout des parcelles de manioc et de quelques régimes de bananes vertes qui restaient après de vastes incendies qui avaient tout ravagé.

Notre nourriture dès lors consista essentiellement en fourmis rouges servies en alternance avec des mangues vertes très acides.

Pour le bébé, on fit un peu de bouillon de riz. Je n'avais pas de biberon et je fus contrainte de l'introduire dans sa toute petite bouche avec une grosse cuillère. Le pauvre enfant ne se nourrissait de bouillon chaud qu'une fois par jour. Le reste du temps, il devait se suffire de bouillon froid, donc sans valeur nutritive.

La contrée était infestée de moustiques anophèles. Mes filles attrapèrent de fortes fièvres. Six mois auparavant, la radio avait annoncé que le paludisme avait disparu de l'ensemble du pays à 99 %, et de la région de Païlin à 98 % ! De quelle diablerie de machination n'avais-je pas été complice ? Car toute la réalité khmère était à cette image !

Une dizaine de jours ne s'était pas écoulée qu'au problème angoissant du ravitaillement vint s'ajouter la menace d'une attaque.

Un matin, des réfugiés envahirent Païlin. Certains venaient de Takeo, d'autres de Kampong Som. Ils en étaient à leur quatrième année d'errance à travers le pays. Ils répandirent des rumeurs selon lesquelles des « Khmers blancs » allaient attaquer. En début d'après-midi, la menace se confirma. A quatre heures, ordre fut donné de se préparer au départ pour le crépuscule. Des troupes vietnamiennes étaient à une dizaine de kilomètres, disait-on. Il faudrait quitter la ville en catimini, à la nuit tombante, pour se réfugier dans la forêt.

A la perspective d'une longue marche, je me sentis lasse. La lune s'étant levée, nous dûmes retarder le départ. Bien nous en prit. Deux camions vinrent nous chercher. L'un transportait les fameux « hôtes », et tout le monde se casa, avec les bagages, dans le second, tandis qu'un responsable m'invitait à m'installer dans la cabine du premier, avec mes deux filles.

J'appréciai vivement cette marque d'égards !

Comme d'habitude, nous restions dans l'ignorance de notre destination. Mais quand, au lever du jour, nous reconnûmes Sala Krao, nous comprîmes que nous retournions à Boeng Béng.

Les quelques personnes de B1 que nous aperçûmes à Sala Krao n'étaient nullement au courant de l'avancée des Vietnamiens. Un camion vint en chercher une partie le lendemain, les autres s'enfuirent de justesse sous une pluie de fer et de feu.

En l'espace de quelques jours, Boeng Béng avait changé. Le feu, peut-être celui de nos défrichements, avait ravagé au moins cinq hectares de forêts. Il continuait à consumer lentement de gros arbres centenaires. Le spectacle était impressionnant.

La première personne que je rencontrai fut Ri. Toujours identique à elle-même dans son dévouement, elle alla me chercher de l'eau légèrement teintée de café. Elle était étonnée de nous voir revenir. Selon les informations qu'elle venait de recevoir, la situation était excellente et elle s'apprêtait à réorganiser les cours de langues abandonnés trois mois plus tôt, à Phnom Penh.

Nous nous installâmes à nouveau dans l'ancien hôpital, sachant pertinemment que c'était une solution d'attente puisqu'il s'était déjà avéré que nous ne pouvions pas assurer notre subsistance. Tout près de nous, un gros arbre achevait de se consumer en menaçant de s'abattre sur notre toit d'herbes sèches. Nous tentâmes en vain de le neutraliser. Le soir venu, nous nous endormîmes sous la boule de feu, en instituant une garde. Une pluie aussi providentielle qu'inattendue, en cette fin de saison sèche, s'abattit, nous inondant mais éteignant l'arbre.

Trois minutes plus tard, un bébé renversa d'un coup de pied une lampe à essence et le feu prit dans la paillote...

La nuit suivante, les gardes surprirent d'étranges signaux lumineux accompagnés de non moins étranges cris d'oiseaux. L'angoisse nous tint en éveil, assises, les yeux scrutant la nuit noire.

Il était décidément impossible de survivre dans cet endroit. Ny Kân, qui était venu se rendre compte lui-même de la situation, organisa une nouvelle évacuation et la dispersion des femmes dans les coopératives de la région. La solution était provisoire, évidemment, car il n'était pas bon d'être dispersés.

Je fus alors conduite dans un lieu de haut secret, un entrepôt de maquis dissimulé profondément dans la forêt. J'y étais assurée de recevoir un minimum de nourriture et de soins pour le bébé.

Le règlement de cette unité était très strict pour des raisons, évidentes cette fois, de sécurité. Nous n'étions qu'une dizaine de personnes dont Mân et Ri. Il fallait veiller à ce que les enfants ne crient pas. Le défrichement était limité à un petit espace afin que nous restions invisibles des avions de reconnaissance. Nous étions loin des regards indiscrets mais nous étions également éloignés de tout point d'eau. Le ruisseau frontalier se trouvait à plus de une heure de marche. Les gens y allaient par roulement, un jour sur cinq, pour faire leur toilette et la lessive.

On me donna une brosse à dents. Quel plaisir de se laver les dents !

Il m'était difficile de rester sans bouger sous mon toit du matin au soir, par les chaleurs écrasantes de la fin de saison sèche, et du soir au matin en donnant à mon bébé un sein vide à téter, afin de l'empêcher de pleurer ! Mais la vie était assez agréable. Mes filles se remirent, le bébé grossit. Tout le monde l'entoura de tendresse et de compliments en le voyant s'éveiller.

13

Nous ne vécûmes qu'une dizaine de jours dans ce petit havre de paix. L'annonce d'une offensive vietnamienne imminente nous remit en route.

Je portai le bébé en écharpe, comme les Cambodgiennes. Il s'essaya à sourire, faisant paraître deux jolies fossettes. Mes filles se chargèrent toutes deux d'un petit ballot et avancèrent sans la moindre plainte sous la chaleur torride. Nous rejoignîmes et longeâmes un chemin frontalier. A la tombée de la nuit, nous fîmes halte sur les bas-côtés où nous fûmes rejoints par d'autres groupes. Je retrouvai la famille Thiounn Thioum et je m'installai auprès d'eux.

Accrochés sur le bord de notre petit chemin, nous n'entendions plus ni les canons ni les roquettes, mais, en revanche, de l'autre côté de la frontière nous parvenait le bruit des motos et des voitures. Le nouvel an traditionnel approchait et, dans la nuit, nous nous laissâmes bercer par les chants rythmés au tambour qui ponctuaient les réjouissances.

D'un côté de la frontière, on se battait, le sang coulait, on comptait les morts, de l'autre, on chantait, on dansait, on riait...

Bien que tout le monde sût pertinemment que nous ne pourrions rester en cet endroit, il fut décidé de construire un abri et d'y aménager des lits collectifs. Les pluies diluviennes de la mousson ne devaient pas tarder.

Nous espérions toujours qu'une fois l'offensive passée, nous pourrions retourner là d'où nous venions.

Un jour, j'entendis dire que Sikoeun avait été vu dans les parages de Boeng Béng. Ce soir-là, le ciel était couvert. Je préparai le lit d'herbes et de feuillages, juste avant le coucher du soleil, au moment précis où les cigales, toutes ensemble, poussent un long crissement.

Très vite, il fit très noir. De gros nuages cachaient la lune et les étoiles. Mes filles s'endormirent. Je m'attendais qu'il pleuve et ne réussissais pas à trouver le sommeil. Je vis soudain, au bout du chemin, une lumière s'allumer par intermittence. Encore un ordre de partir en pleine nuit, pensai-je. Et je fermai les yeux très fort, espérant m'endormir si profondément que tout le monde partirait sans moi.

C'est alors que mon oreille capta une voix connue. J'écoutai attentivement. Oui ! C'était Sikoeun.

Sa sortie de Phnom Penh avait été une sorte d'épopée. Il s'était rendu à la station de radio, comme convenu, mais n'avait pas rencontré l'unité de l'armée qui devait le protéger. Respectueux de la discipline, il avait attendu sagement dans la camionnette.

Des troupes arrivèrent mais c'étaient les Vietnamiens. Sikoeun — avec sa valise de documents — et ses compagnons se réfugièrent dans un bureau, attendant toujours la venue d'un cadre supérieur ou de l'escorte promise.

Quand les Vietnamiens investirent l'immeuble, ce qu'ils firent avant toute chose étant donné son caractère stratégique, Sikoeun et son groupe se sentirent pris au piège. Ils jouèrent au chat et à la souris à travers les couloirs, de bureau en bureau et d'étage en étage, et finalement durent leur salut à une porte entrebâillée.

L'alerte passée, ils attendirent la nuit pour tenter une sortie, non sans se jurer de mourir plutôt que de se rendre.

A la nuit, ils envoyèrent un éclaireur. Il tarda à revenir. Ils se faufilèrent alors entre les buissons et les bananiers, escaladèrent un mur et, retrouvant l'éclaireur, coururent jusqu'à l'étang de Tuol Kok situé à proximité.

Ils étaient partis sans avoir pu cacher les documents qui étaient restés tels quels sur les bureaux.

Ils plongèrent dans l'eau et nagèrent une grande partie de

la nuit avant de reprendre pied sur terre. Au lever du jour, ils étaient à Prek Phneou, au nord de la ville. Ils décidèrent alors de se séparer en deux groupes : Sikoeun garda avec lui les chefs des sections anglais et chinois, c'est-à-dire Ti et San, la mère de Soth. Phon partit avec les autres.

Sikoeun et ses deux compagnons prirent un chemin longeant la voie ferrée de Battambang. Ils marchaient depuis longtemps sans avoir rencontré personne quand, subitement, ils virent surgir au-dessus d'eux, sur le ballast, des hommes armés. Ils sautèrent dans un étang proche. De larges feuilles de nénuphar offrirent un abri incertain. Les armes crépitèrent. San appela Sikoeun à l'aide, elle était à bout de forces. Quand la fusillade cessa, Sikoeun ne revit ni Ti ni San. Il partit alors seul, rencontra In Sokan, par hasard, à Pursat, puis l'autre groupe qui, lui, était au complet. De là, un agent de liaison les conduisit à Samlaut où ils retrouvèrent les hauts dirigeants.

Très fièrement, Sikoeun me dit qu'au cours d'une réunion Pol Pot avait soulevé le problème de mon évacuation, loin des hasards de la guerre...

— Seulement moi, j'aimais mieux que tu restes ici, conclut-il.

*

Le nouvel an traditionnel était là, ainsi que l'anniversaire du 17 avril. Des journalistes occidentaux, conduits par un paysan thaïlandais aux cris de « amitié ! amitié ! », vinrent photographier le campement. Les femmes qui composaient l'essentiel de la troupe s'appliquèrent à leur montrer que le moral était bon.

Il n'y avait rien à manger, mais, au jour convenu pour la célébration, deux équipes se virent octroyer le privilège de sacrifier un bœuf, de sorte qu'on se trouva avec beaucoup plus de viande qu'on ne pouvait en consommer.

Le petit Béng avait maintenant deux mois. Ses sœurs lui parlaient et il leur répondait en les suivant du regard ou en agitant ses petits bras. Il avait une expression gracieuse et tendre, mais son père, attentif à son image de militant dévoué au parti, affectait de l'ignorer. Il passait son temps de groupe en groupe pour « prendre le pouls » et faire de la politique. Avec ses trois stylos dans la poche de sa chemise, il ne manquait pas d'autorité ! Il continuait à me critiquer publiquement, me reprochant de vivre au crochet de la collectivité. C'est ainsi que le jour où les cuisinières m'apportèrent une ration supplémentaire de viande, Sikoeun la leur reporta.

La nuit du 17 avril éclata un orage particulièrement violent. La radio venait de se taire. A tâtons, nous rassemblâmes nos effets, et quelques braises, pour les protéger de la pluie. L'averse fut brève et nous nous apprêtions à poursuivre notre nuit fâcheusement interrompue quand un agent de liaison cria dans l'obscurité : « Il faut partir ! »

Je protestai : « Pas maintenant ! » Sikoeun prit son sac à dos et se posta, attendant qu'on le suive. On n'entendait aucun bruit. Par une nuit pareille, sous l'orage, il était inconcevable qu'un ennemi, même en commando, vienne nous déloger de ce coin perdu. Personne ne se résolut à lever le camp.

Le lendemain, cependant, il fallut partir. On avala une soupe de bœuf insipide et, après avoir jeté ou enterré d'énormes morceaux de viande fraîche qui allaient nous faire cruellement défaut, nous prîmes la route.

Pour la première fois, nous passâmes en Thaïlande, tandis que la radio émettait des chansons patriotiques et joyeuses, enregistrées six mois plus tôt. Il fallait quitter le pays quatre ans jour pour jour après l'avoir conquis.

Quatre ans plus tôt, les canons s'étaient tus. On avait effeuillé des fleurs en formulant mille et un vœux de bonheur. Un chant d'espoir et de paix s'était élevé des cœurs unanimes des bourgeois, paysans, ouvriers, religieux...

Depuis lors, nous avions vécu dans la peur. Nous avions vu se multiplier les disparitions. Il n'y avait pas eu de lendemains qui chantent et nous avions la conviction qu'il n'y en aurait jamais.

Comme à chaque départ je me posai la question du pourquoi fuir et du comment échapper à cette situation. Je n'étais plus ni libre ni maîtresse de moi-même. Il fallait suivre.

Je pris le bébé dans le krâmar, en bandoulière, fixai les petits ballots dans le dos de mes filles et saisis mon bagage. Le bébé n'était pas lourd, mais, au bout de quelques pas, mes jambes faiblirent et je butai contre une racine. On me releva et je repartis chancelante.

Nous franchîmes le cours d'eau qui marquait la frontière, puis nous traversâmes un champ et nous nous hissâmes sur un talus où passait la route.

Une voiture pleine de jeunes filles habillées de couleurs vives fila devant nous, bientôt suivie d'une autre voiture montée par des hommes assez forts, en culottes courtes, qui chantaient en jouant du tambour.

Je fus surprise et choquée par cette reprise de contact avec le monde civilisé. Je vivais depuis si longtemps avec des gens maigres vêtus de noir !

L'armée thaïlandaise arriva vivement pour arrêter le flot de réfugiés que nous formions. Elle exigea que tous les combattants laissent leurs armes et nous indiqua un chemin à prendre, en contrebas, pour gagner une cocoteraie. Le chemin était boueux et escarpé. Je fus saisie par le vertige et reculai d'un pas. Je ne pus me résoudre à sauter en avant comme me l'indiquaient les gardes. J'avais le bébé dans les bras et je savais mes jambes trop faibles pour accomplir un tel effort. Je n'eus pas d'autre solution que de m'asseoir et de me laisser glisser, comme sur un toboggan.

Cela me rappela un épisode héroïque de la Longue Marche de Mao, où les combattants s'étaient laissé glisser sur une pente neigeuse. Ils avaient de la chance, me dis-je, car la neige est propre !

Nous marchâmes longtemps avant d'atteindre la cocoteraie. Il faisait presque nuit quand nous l'atteignîmes. Je rassemblai trois palmes sèches et les alignai sous un arbre pour nous faire un lit sur le sol détrempé.

Les enfants dormaient déjà profondément quand un nommé Ra, de l'ensemble artistique de Phnom Penh, surgit en criant et en gesticulant :

— Des lumières ! Des lumières ! Les Vietnamiens approchent ! Partons vite !

Nombreux furent ceux qui se mirent à courir vers la route. Ra continuait à semer la panique.

— Si ce sont les Vietnamiens, lui dis-je, ils n'ont qu'à venir nous prendre. Moi, je dors !

Les lumières s'éteignirent juste avant l'aube. C'étaient les éclairages des postes frontières !

Nous repartîmes vers le sud. « Les Vietnamiens nous chassent par le Nord, nous rentrerons par le Sud ! » entendit-on dire.

Chemin après chemin, champ après champ, nous poursuivîmes une marche que l'imprécision de la destination rendait plus harassante. Nous atteignîmes enfin une grande piste sablonneuse qui était le théâtre d'une cohue indescriptible.

D'aussi loin que les yeux pouvaient voir s'étirait un immense cortège de buffles et de bœufs attelés à de misérables charrettes escortées de pauvres gens totalement démunis.

Ils étaient des milliers, des dizaines de milliers à défiler ainsi, en silence, le regard fixe, dans la poussière qui blanchissait leurs habits noirs.

Dans le krâmar, mon bébé se mit à crier. Il n'avait rien avalé depuis vingt-quatre heures déjà. Je lui donnai le sein tout en continuant de marcher. Le bébé suça le téton quelque temps puis se rendormit.

Narén et Sokha, à leur tour, se plaignirent d'avoir soif. Elles non plus n'avaient pas bu depuis la veille. Le sable brûlait la plante des pieds, le soleil asséchait la gorge. Je n'avais plus de salive pour les encourager. Je concentrais toute mon énergie pour ne pas tomber. Il était vain de s'arrêter. Il fallait attendre que la décision fût prise en tête et tenter d'arriver à temps pour manger et boire quelque chose. Il fallait avancer, avancer sous le soleil de plomb, avancer dans la poussière brûlante. La langue gonflait, les yeux piquaient, les jambes vacillaient.

C'était le chemin de l'enfer avec son feu, ses flammes et ses supplices. Avec ses cris étouffés et ses prières sans réponse.

Sur le bas-côté, un moment, je vis des gens de B1. Je m'arrêtai, espérant avoir du bouillon de riz pour le petit et les filles.

— Nous t'attendions, tante Phâl, me dit-on en venant à ma rencontre pour m'entraîner loin de la route.

J'espérai toujours quelque chose à manger : je trouvai Sikoeun tenant une réunion. Il se leva et déclara :

— Les Vietnamiens veulent les gens de B1. Ils ont infiltré des indicateurs dans la foule. Le mot d'ordre est « chercher une Française ! ». C'est facile, c'est toi !

Je m'enveloppai soigneusement la tête dans mon krâmar et nous repartîmes.

Les villageois et les villageoises en sarongs chatoyants et maquillées, debout devant leurs maisons, nous regardaient passer. En face d'eux, j'eus le sentiment que nous sortions d'un camp de concentration, que nous revenions d'un voyage dans les temps primitifs. Quand ils voyaient mes filles, ils s'exclamaient : « Farang ! Farang ! » De village en village, le cri se répétait : « Des blanches ! Des blanches ! »

En fin d'après-midi, des camions de l'armée thaïlandaise intervinrent pour canaliser le flot des réfugiés sur un vaste terrain vague traversé par un cours d'eau. Tout le monde s'y précipita pour s'y baigner. Les buffles aussi. Quand nous arrivâmes à nous frayer un passage, nous ne pûmes puiser qu'une toute petite marmite d'eau.

Des nouvelles sur notre destination circulèrent. On allait rentrer au Cambodge par le Sud, à quelque cent ou cent cinquante kilomètres. C'était la guérilla, la longue marche de la victoire.

Pour la nuit, les unités de B1 se regroupèrent légèrement à l'écart, accrochées au bord d'une rivière à demi asséchée, et, le lendemain, on reprit la route d'enfer, au milieu des tintements des clochettes, entre les bœufs, les buffles et les charrettes, sous le soleil ardent, dans la poussière, sous les regards curieux des villageois et les objectifs voyeurs et obscènes des journalistes occidentaux.

La route était longue, très longue pour nos corps épuisés et nos cœurs sans espoir. Chaque minute durait un siècle. Le soleil n'en finissait pas de monter et de brûler, et de placer devant nos yeux rouges des arbres de mirage. Le long des routes bondées et brûlantes, pas un brin d'ombre, pas une goutte d'eau.

La petite Sokha céda la première à la fatigue et se mit à gémir en traînant les pieds. Le père décida de s'en occuper et la battit si fort que la foule intervint pour qu'il cesse. La pauvre enfant était si épuisée qu'elle n'était plus qu'un bloc d'inertie que les coups les plus violents ne pouvaient remettre en marche. Intimement, elle avait choisi de mourir.

Je poursuivis la route avec Narén, lui conseillant de marcher dans mon ombre. Le petit ange restait silencieux, ne laissant échapper aucune plainte. Le soleil redoublait d'ardeur pour venir à bout de nous. La soif donnait des vertiges. S'arrêter était impossible. Je suppliai ma fille de faire encore un effort, puis encore un autre effort. Mais bientôt, je cessai de parler. Je ne pouvais plus me faire comprendre et la petite ne pouvait plus entendre.

Au loin, nous vîmes un arbre mort. Je le lui montrai du doigt et lui dit qu'on avait enfin un endroit pour s'arrêter. Pour y arriver, il fallait compter jusqu'à mille. Mais à mille, l'arbre était toujours aussi loin et s'éloignait même au fur et à mesure que nous avancions. Une douleur aiguë me prit alors dans le dos. L'enfant que je portais et le petit ballot étaient venus à bout de ma colonne vertébrale. J'avais si mal que je ne parvenais plus à changer mes charges de place. J'essayai de tourner un peu la tête, mais en vain. J'appelai ma fille, mais, trop lasse pour parler, elle ne répondit pas. Dans un ultime effort, je criai : vite !

Il fallait arriver vite à l'arbre mort. Tarder signifiait tomber et ne plus se relever. Nous réunîmes nos dernières énergies pour nous écrouler près de l'arbre sous lequel une foule épuisée attendait de reprendre quelques forces.

Yan vint à ma rencontre, passa son bras solide sous le mien. Je laissai tomber des larmes. Elle me tapota l'épaule et je séchai mes yeux. Il ne fallait surtout pas pleurer. Pleurer, c'était se rendre.

Je me fixai une demi-heure de repos, puis une nouvelle demi-heure. La fatigue céda la place à l'angoisse. Ma deuxième fille et son père n'arrivaient pas. J'interpellai les gens de connaissance qui passaient : personne ne les avait vus.

Une nouvelle demi-heure passa. Toujours rien. J'étais tentée de retourner en arrière et de partir à leur recherche, mais je ne pouvais demander à Narén épuisée de me suivre. Il fallait aussi penser à aller au plus vite à l'avant pour trouver du bouillon de riz pour le bébé.

Yan partit. Je décidai de la suivre : je pouvais compter sur elle. Remis en route, nous apprîmes qu'il y avait un point d'eau à cinq kilomètres. J'y retrouvai ma fille et son père.

Et nous continuâmes le chemin.

En fin d'après-midi, encore une fois, le flot des réfugiés quitta la route pour s'engager sur une aire dénudée.

Cette aire, comme la précédente, était immonde. Les bœufs, les buffles, les hommes et les enfants lâchaient leurs excréments partout. On marchait dedans en voulant les éviter. Les gens dormaient et mangeaient au milieu de ces immondices. Et pour tout le monde, un seul trou d'eau. Ce n'était plus l'enfer, c'était le fond des latrines.

— A gauche, après le deuxième kapokier, puis à droite, me dit-on pour m'indiquer l'emplacement réservé à l'unité.

Cette fois-là, nous logeâmes sous des arbres. Le point d'eau était tout juste suffisant pour préparer un bouillon de riz. Depuis le jour de l'orage, je n'avais pas encore pu me laver. J'étais couverte de boue. Les jeunes combattantes, quant à elles, réussissaient, en cours de route, au hasard des points d'eau, à se rafraîchir et à se changer. Je les admirai en les voyant prendre cette vie errante comme un divertissement dans la routine. Elles étaient parfaitement naturelles.

Le lendemain, on ne fit qu'une petite étape et on s'arrêta dans un petit coin de forêt traversé par un cours d'eau. On se délecta longtemps dans l'eau, en se frottant avec des pierres rondes pour détacher la crasse et la boue. La toilette à elle seule fut aussi réconfortante qu'un bon souper. Nous fîmes des lits de branches et de feuillages et nous nous préparions à passer une bonne nuit quand des coups de feu éclatèrent. Vivement, nous éteignîmes les braises, rassemblâmes nos affaires en mettant la main sur la bouche des enfants réveillés.

Puis, nous attendîmes, le souffle suspendu, scrutant la nuit noire.

Quelques instants plus tard, des nouvelles nous parvinrent comme une brise : des brigands avaient attaqué le campement et emporté des bœufs et des buffles, ainsi qu'une jeune fille…

Les maigres réserves de riz étant épuisées, nous n'eûmes, pour manger le lendemain matin, que des herbes sauvages, succulentes en soupe mais sans aucune valeur nutritive et difficile à avaler dans de l'eau sans sel. Quand il fallut repartir, je ressentis une extrême faiblesse. La tête me tourna, les jambes refusèrent d'obéir, les genoux tremblèrent. Je serrai les dents et, dans un effort désespéré, je respirai fortement : il faut y aller, tiens bon ! tiens bon ! Je fis ainsi un pas, puis deux, puis trois, puis dix, trente, cinquante ! J'étais repartie !

Toute une journée durant, nous marchâmes encore avec le cortège interminable, « tintelinant » et « clochelinant » des bœufs, des buffles et des charrettes. En début d'après-midi, le ciel se couvrit et le temps devint très lourd. Un gros orage allait éclater. Démunis comme nous l'étions, nous n'avions rien d'autre à faire qu'avancer et espérer de rencontrer un abri. Quand le nuage creva, à quelques centaines de mètres devant nous, c'est une trombe d'eau qu'il déversa. Phon, qui se trouvait là, prit un morceau de matière plastique pour protéger le petit Béng et les affaires, et nous attendîmes que la trombe passe.

Puis nous reprîmes la piste jusqu'au soir. A la halte, nous nous allongeâmes sur des branchages mouillés après avoir vainement tenté d'allumer un feu. Au lever du jour, nous repartîmes.

Cette étape devait être la dernière. Les dirigeants, pensai-je, allaient certainement faire quelque chose pour les enfants et pour moi. Je savais que Sikoeun avait refusé pour moi un travail à l'arrière sous prétexte que le fer n'était pas encore assez forgé et que l'occasion de le tremper était unique. Il voulait faire de moi une héroïne de la longue marche.

Je ne voulais pas du rôle d'héroïne qu'on voulait me faire jouer. Traverser les rivières sur des troncs d'arbre glissants avec le bébé dans les bras, puiser l'eau en bas de versants escarpés, souffler sur une braise pour rallumer le feu, couper des arbres, préparer des litières, trouver à manger étaient autant de nécessités quotidiennes que mon état physique et mon inexpérience ne me permettaient pas d'accomplir.

— Deux kilomètres après une buse de canalisation couchée sur le bas-côté, vous abandonnerez la piste et vous prendrez sur la gauche un sentier en forêt. Tout B1 se rassemblera après la clairière, nous dit-on.

Nous nous installâmes sous des arbres pour ne pas être repérés par l'aviation, avec interdiction d'étendre du linge au soleil pour la même raison. A peine arrivés, les cadres commencèrent à élaborer des projets : nous allions faire venir des machines à coudre et installer une base arrière de soutien à l'armée.

Sikoeun avait déjà été contacté par un agent de liaison pour se rendre en un certain lieu où il devait retrouver les dirigeants. Il ne cacha pas sa joie. Je le priai de nous emmener. A chaque argument, Sikoeun resta inflexible. Il voulait demander l'autorisation. Je le suppliai : il y allait de la vie du petit garçon et des filles.

Mais l'homme que j'avais devant moi n'avait qu'une idée : partir le plus rapidement possible où sa mission l'appelait. Sa mission l'exaltait et il s'exaltait en elle. Pour la sublimer, il était prêt à tous les sacrifices, et le plus beau des sacrifices était celui de ses enfants et de sa femme.

A bout d'argument, je lançai :

— Si c'est comme cela... Et je m'arrêtai net, consciente d'en avoir trop dit. J'étais décidée, j'irais dans le premier village thaïlandais, je demanderais asile afin de pouvoir assurer la survie de mes enfants.

Sikoeun ne broncha pas. Il se leva, enfila son sac à dos et partit. Je le vis échanger quelques mots avec le responsable du groupe. Cinq minutes plus tard, une combattante vint se poster près de moi, sous prétexte de s'occuper du bébé. Je compris. J'étais mise sous surveillance renforcée et mon sort était réglé.

Au fond de cette forêt thaïlandaise, l'attente s'organisa à nouveau. On partit à la recherche de ceux qui n'avaient pas pu suivre. On se compara à un maquis viêt-cong au Cambodge, pendant la guerre américaine. Prise sous cet angle, la débâcle se fardait de dignité et de force. Puisqu'on avait vaincu les Américains, on n'allait faire qu'une bouchée des Vietnamiens ! On les laissait dans un premier temps s'éparpiller et ensuite, on les éliminerait d'un seul coup, radicalement.

Pour passer le temps, des anciens du lycée Descartes, à Phnom Penh, se réunissaient et évoquaient leurs souvenirs. Ils se revoyaient devant des fromages, des desserts, des glaces :

— Moi, j'aimais le bleu !

— Ça ne valait pas un camembert coulant à point !

— Ne me parlez pas de fromage, rien ne vaut une tarte Tatin !

— Les tartes Tatin ? Je ne connais pas, mais les crêpes flambées !

— Je vais vous dire, moi, un petit restau épatant où on sert de gros plats de fruits de mer et de grosses entrecôtes saignantes. J'en ai encore le goût à la bouche !

— Et les petits déjeuners avec des croissants, de la confiture et du café !

Je suivais ces pérégrinations imaginaires avec un détachement qui me surprenait. J'avais tant rêvé pendant toutes ces années d'un simple quignon de pain que maintenant je ne désirais plus rien... rien que partir !

J'étais allongée. Des tremblements me gagnèrent. La fièvre arriva. Le paludisme ne me quittait pas.

Sortie de la crise, je restai épuisée. On m'apporta des médicaments et une boîte de deux sardines : un luxe que je partageai avec les enfants pendant deux repas.

Toute la communauté, malgré une apparente solidarité, était devenue agressive et je ne pouvais rien faire sans susciter des critiques ou des avertissements.

Le problème de l'eau devint rapidement aigu. Dans le minuscule point d'eau, tout le monde lavait son linge et faisait sa toilette. C'était écœurant. Les ravages dus à la dysenterie redoublèrent. Pour obtenir de l'eau claire, il fallait creuser un trou et attendre. Elle perlait goutte à goutte. C'était long mais c'était de l'eau claire.

Un après-midi, pour la première fois, le petit Béng, cœur d'acajou, joua avec moi. Après avoir fait semblant de prendre peur, il me jeta un regard complice, lança fièrement sa tête sur le côté et me sourit, avec une magnifique fossette. Je pris alors l'enfant dans mes bras et l'embrassai. J'en pleurai de joie.

Un instant plus tard, il expulsa des selles liquides. Ce que je redoutais le plus arrivait. Je sentis la main crochue de la mort sur nous et, une fois de plus, je m'allongeai, prise de violents tremblements dus au paludisme.

Le lendemain matin, ordre fut donné de plier bagages pour regagner le Cambodge. Parce qu'on reprenait la situation en main et parce qu'on n'allait pas, comme les Vietnamiens, organiser la résistance à partir d'un pays étranger, il fallait partir immédiatement.

Le périple se présenta comme tous les précédents. On allait contourner la montagne et, après la plaine, on arriverait à Sala Krao, près de Païlin, où la population nous recevrait en tuant un porc. Toujours la même chanson ! Toujours la même carotte ! On partait sans vivres. On jeta un chaudron d'ignames qui trempaient depuis deux jours, presque bons à consommer.

Au fond de mon cœur, j'espérais encore et j'avais encore confiance. A Sala Krao, avais-je entendu dire, il y avait un centre de secours. Des enfants y étaient soignés. Je pourrais y mener mon fils. Je revoyais sans cesse passer devant mes yeux son expression douce et espiègle.

Mon garde du corps, au sens le plus restrictif du terme, se chargea du ballot dès qu'il fut ficelé. Mais quand j'eus besoin du bouillon de riz pour le bébé, elle était loin devant moi. Quand je la rejoignis, le bouillon était tourné.

Je ne pouvais rien dire. Le désespoir d'être impuissante reprit le dessus. Je marchai comme un automate, en proie à la fièvre. Plusieurs fois, j'entendis une cascade d'eau claire et je voulus courir m'y désaltérer : mirages de la fièvre !

Au lieu de contourner la montagne, on fit son ascension. La pente était raide. Il fallait souvent s'aider des genoux.

Spectacle déchirant que celui de deux femmes accouchées de la veille, rampant et grimpant.

Au moment où nous arrivions en haut, un combattant, surgi d'on ne sait où, se mit à vociférer qu'on n'avait pas le droit de passer : secret militaire ! Il voulut nous faire retourner. Nous nous assîmes. Il disparut pour aller parlementer et revint nous donner le feu vert. Nous avions perdu un temps précieux.

Nous marchâmes longtemps en suivant le lit d'un torrent encombré de gros blocs de pierre, puis nous débouchâmes sur une piste. Triomphalement, les éclaireurs annoncèrent que nous étions arrivés en territoire cambodgien. Cette piste, toute droite, était large et en bon état. Elle semblait récente et passagère. De l'origine et de l'usage de cette piste, pour le moins étrange, il n'y avait rien à savoir. J'étais à bout de résistance et concentrée uniquement sur la marche. Il était exclu de faire une halte : il n'y avait pas d'eau.

*

La tête alors me tourna très fort. Ri, ma voisine, me raconta que je dessinai deux cercles avec mon corps avant de m'effondrer sans connaissance, le bébé dans les bras.

Ri donna l'alarme. Des jeunes filles du groupe de Mân se présentèrent. Elles savaient ce qu'il leur restait à faire. Elles posèrent leurs ballots et en tirèrent un hamac. D'autres allèrent couper un arbuste. Quelques instants plus tard, elles avaient confectionné un brancard. Elles le placèrent le long de mon corps et me soulevèrent doucement.

Entendant déjà Sikoeun m'accuser de sucer le sang et la sueur de ses compatriotes, je tentai de me relever. Ce fut impossible, je me laissai porter

Elles me déposèrent à la halte et m'installèrent aussi confortablement que possible. Laên s'occupa de Béng en débordant d'amour maternel. Lay s'occupa des filles, elle fit cuire du riz et trouva un peu de pâte de poisson. De son côté, Ri me fit cadeau d'une fleur d'orchidée, un joyau, d'un rose aussi chaud que celui d'une perle d'eau au coucher du soleil.

Cela me réconforta, mais j'étais incapable d'avaler une bouchée de nourriture. Il fut décidé d'attendre un camion qui devait amener du ravitaillement et emporter les malades et les plus faibles. Toute la journée, nous vîmes passer des camions vides. En milieu d'après-midi, Lay alla chercher un seau d'eau très loin pour que je fasse ma toilette.

J'avais entrepris de me débarbouiller quand Choeun vint me demander ironiquement si je comptais m'installer là, puisque tout le monde était parti !

Je compris que la promesse du camion n'était qu'un mensonge. Je rassemblai mes affaires, mais au moment du départ, Narén refusa de se lever et pleura à nous fendre l'âme. Elle était épuisée, que pouvait-on faire ?

Thi et Lay accoururent, elles lui parlèrent doucement L'enfant consentit alors à les suivre.

Nous ne devions faire que huit kilomètres pour arriver au point d'eau. Là, nous serions presque arrivés. Lay et Laên vinrent s'enquérir de mes forces et proposèrent de me brancarder. Je refusai. Brancarder une malade, même aussi légère que moi, exigeait de gros efforts. Les jeunes filles choisies, pourtant solides, n'avaient pas mangé depuis deux jours.

Durant les premiers cent mètres, je chancelai beaucoup, mais au bout d'un certain temps, je parvins à me raffermir en m'aidant d'un bâton. Puis le chemin se fit plus long que jamais. En regardant derrière moi, je me rendis compte que pour de grands efforts je n'avançais pas. La nuit tomba, nous n'étions toujours pas arrivés. On avait soif, tellement soif que Narén et Sokha me supplièrent de boire l'eau noirâtre des ornières de camions. Au début, je m'y opposai, puis je finis par céder.

Dans le krâmar, mon bébé ne pleurait pas et ne bougeait pas. Ses diarrhées, momentanément calmées, reprirent. Je l'entendais se vider et mes forces m'abandonnaient. Obstinément, je m'accrochai à l'idée qu'il fallait arriver rapidement à Sala Krao. Il y serait soigné et sauvé.

Puis je m'effondrai encore une fois. Les porteuses étaient là. Nous continuâmes notre marathon.

La piste déboucha enfin sur une clairière baignée par la lumière de la lune. On s'arrêta. Je dégageai le bébé. Sous la lune, son visage était livide et des cernes de la mort entouraient ses yeux. Je le serrai fort contre ma poitrine en maudissant la lune. Je demandai le docteur, mais personne ne l'avait vu. Il aurait fallu préparer un peu de bouillon de riz pour le bébé, mais il n'y avait pas une goutte d'eau.

L'enfant suçait désespérément mon sein qui ne donnait qu'un liquide clair.

Quant à Narén et Sokha, personne ne savait où elles étaient. Loin derrière, certainement ! Contre toute attente, elles arrivèrent très vite, la grande tenant la petite par la main. Elles réclamèrent une petite boîte de baume et se frottèrent l'estomac, le plus sérieusement du monde, pour anéantir les germes contenus dans l'eau boueuse qu'elles avaient bue, ainsi que la faim qui les tenaillait.

Narén s'allongea et me demanda de lui parler de ma grand-mère. Je lui racontai alors son visage doux et patient, auréolé de cheveux blancs, son sourire affectueux et résigné, son cœur généreux...

En l'évoquant, je la sentais proche de nous, mais mon passé, lui, me semblait étranger.

On leva le campement entre chien et loup. En fin de matinée, on n'avait toujours pas atteint le but fixé. Et toujours pas un seul point d'eau.

En traversant Aur Da, nous rencontrâmes des combattantes de Phnom Penh, en tenue noire, qui nous informèrent qu'une épidémie de choléra avait emporté deux des leurs.

Par hasard, une jeep passa. On nous reconnut. Un camion vint nous prendre et nous emmena à Kâmrieng. Sala Krao était encore à dix kilomètres, mais nous ne pûmes continuer notre chemin : la ville était occupée par les Vietnamiens.

Kâmrieng est situé au bord de la frontière. C'était le quartier général de l'armée. Cheam, un ancien de B1, ressortissant d'une minorité nationale, y avait installé tout son réseau de communication et son poste de commandement. Plusieurs périmètres de défense protégeaient ce poste adossé à un cours d'eau frontalier.

La vie aurait pu y être agréable, mais la mort y campait. Des mouches innombrables s'agglutinaient sur le visage émacié du bébé. Un geste de la main ne suffisait pas à les chasser. Il n'y avait pas de médicaments. On en attendait de Thaïlande.

Pour éviter le supplice des mouches à l'enfant, je l'installai dans un hamac et le recouvris de mon krâmar à carreaux noirs et blancs. C'était insoutenable à la vue, cela ressemblait à un sarcophage. Mais il était difficile de procéder autrement.

Puis la nouvelle courut que Sikoeun était de retour. Il prenait un repas spécial au quartier général. Il y avait là les dirigeants et leurs épouses qui mangeaient des champignons, du poisson et d'autres choses en abondance.

Sikoeun ne demanda pas de nouvelles de sa famille et ne s'inquiéta pas quand on lui annonça que l'enfant était malade. Il se vanta seulement d'avoir parcouru d'une seule traite la distance que nous avions parcourue en plusieurs jours.

En fin d'après-midi, j'alertai le médecin : l'enfant avait vomi. Un nouveau médecin, un homme d'âge mûr, se présenta. Il sortit de sa poche des médicaments et donna des instructions précises.

A la nuit tombée, je pris le bébé près de moi, comme à l'habitude, décidée à le veiller jusqu'à l'aube pour lui donner les remèdes. Quand la lune se leva et baigna de son extraordinaire clarté le visage de l'enfant, je le contemplai longuement. Il était si beau, si pur.

Il semblait mieux. Ses joues étaient pâles mais il ouvrait de grands yeux ronds, sans cernes. Il joua avec ses menottes et fit apparaître ses fossettes. C'était un amour d'enfant. Nous passâmes toute la nuit ensemble, intimement, dans un grand bonheur.

Le matin, je fus heureuse d'annoncer que sa nuit avait été bonne. Cependant, en le lavant, je fus stupéfaite de le constater si maigre, si léger.

J'allai ensuite laver la natte souillée dans le ruisseau. L'effort me brisa et je rentrai vite m'allonger. Dans son hamac, le bébé gémissait. Je préparai alors des médicaments et demandai à ma fille aînée de m'amener l'enfant. Je m'impatientai en la voyant incapable de prendre son frère. Elle me dit avoir des difficultés. Dans un dernier effort, elle sortit le petit Béng : c'était un corps raidi qui tournait ses mains vers l'arrière.

Voyant cela, j'appelai Sikoeun à l'aide, sans retenue. Il était à dix pas mais fit la sourde oreille. Quand il se décida à venir, un attroupement s'était déjà formé.

— Ce n'est pas la peine de crier ainsi, hurla-t-il. Il est en train de mourir !

Je pleurai.

Les deux médecins arriverent immédiatement. Ils tentèrent, en vain, de lui faire une perfusion du sérum tant attendu et qui venait d'arriver enfin. Sous l'effet d'un stimulant cardiaque, Béng cria encore une fois. Puis ses cris s'espacèrent. Il haleta. On ferma ses paupières. On croisa ses petites mains fines sur sa poitrine.

C'était le dix mai. Il était un peu plus de midi.

Je ne voulais plus le regarder. Son visage n'était plus celui de l'enfant que j'avais porté et qui m'avait souri.

Comble de la pauvreté, il n'avait que des vêtements de soie. On l'enveloppa dans un haul de soie rouge et or. Il resta ce qu'il était : un ange de l'au-delà.

Petit Béng, cinq ans déjà, pour moi tu es le ciel bleu. Je regarde l'azur, je pense à toi, je sais que tu es là.

Notre errance s'est poursuivie, à travers plaines et forêts, montagnes et vallées, mitraillages et bombardements, jusqu'au mois d'août 1979. Puis, mes filles et moi, nous avons rejoint, à Pékin, Sikoeun qui venait d'être nommé ministre conseiller auprès de l'ambassade.

Ensuite, après un nouveau séjour dans les maquis, j'ai profité d'une mission diplomatique pour regagner la France, avec mes filles.

Nous sommes arrivés à Paris le 24 décembre 1980. Il nous fallut réapprendre à vivre.

Je n'ai pas oublié, je ne veux pas oublier, j'ai peur d'oublier.

Je suis une Française ordinaire, animée d'un idéal, comme tout un chacun. En suivant mon mari au Cambodge, j'ai été précipitée, emportée par des événements qui me dépassaient. Aujourd'hui, je suis un des rares témoins survivants de cette histoire. Je dois assumer la responsabilité de témoigner et apporter ma contribution à la compréhension de ces événements.

Il est hors de question d'exercer une revanche, car il y a eu trop de souffrances, trop de violence, trop de sang, trop de morts. Que le Cambodge soit libéré de l'occupation étrangère, qu'il renaisse de ses cendres et qu'il vive à nouveau.

Le 10 mai 1984

Achevé d'imprimer en juin 1985
sur presse CAMERON
dans les ateliers de la S.E.P.C.
à Saint-Amand-Montrond (Cher)
pour le compte de France Loisirs

Nº d'Édition : 10562. Nº d'Impression : 1025.
Dépôt légal : juin 1985.

Imprimé en France